山东省社会科学规划重点项目“习近平总书记关于发展分享经济的思想与战略研究”（17BZLJ08）的最终成果

2021年度国家社会科学基金重大项目“开放开源科学技术创新体系构建研究”（21&ZD129）的阶段性成果

2020年度山东大学人文社科研究后期资助项目（20RWHQ06）资助

共享经济理念与战略研究

张玉明 王越凤 等 著

人民出版社

责任编辑：宫　共
封面设计：源　源

图书在版编目(CIP)数据

共享经济理念与战略研究/张玉明 等著. —北京：人民出版社，2022.4
ISBN 978-7-01-024135-7

Ⅰ.①共…　Ⅱ.①张…　Ⅲ.①中国经济-经济资源-资源共享-研究
Ⅳ.①F124.5

中国版本图书馆 CIP 数据核字(2021)第 251546 号

共享经济理念与战略研究

GONGXIANG JINGJI LINIAN YU ZHANLÜE YANJIU

张玉明　王越凤 等　著

人民出版社 出版发行
(100706　北京市东城区隆福寺街 99 号)

中煤(北京)印务有限公司印刷　新华书店经销

2022 年 4 月第 1 版　2022 年 4 月北京第 1 次印刷
开本：710 毫米×1000 毫米 1/16　印张：14　字数：206 千字

ISBN 978-7-01-024135-7　定价：40.00 元

邮购地址 100706　北京市东城区隆福寺街 99 号
人民东方图书销售中心　电话 (010)65250042　65289539

目　录

第一章　中国进入共享经济时代

共享行为自古有之，但由于受信息沟通范围、技术条件等的限制，只能在熟人圈或族群内偶然发生。中国现代意义上的共享经济以2005年的威客概念、2006年的猪八戒网为萌芽，经过多年的发展，在新时代共享经济理念和战略指导下，共享经济正越来越快、越来越规范、越来越潜移默化地渗透到社会的各个领域：从经济角度来看，共享经济渗透到了全产业、全行业的范围；从生活角度来看，共享经济渗透到了全生活、全服务的范围，对社会经济渗透将会越来越广，越来越深，并逐渐成为全球的共享经济中心和引领者，逐步成为中国走向世界的“新名片”，中国已经进入共享经济新时代。

一、中国成为全球共享经济中心

现代共享经济经过多年的快速发展，正步入一种轻资产的共享经济运营模式。面对蓬勃发展的共享经济，中国各级政府积极鼓励市场准入的开放和业务模式创新，为各类共享经济新业态创造了更充分的发展空间，规模迅速扩张的中国共享经济备受世界瞩目，中国正渐渐成为全球共享经济中心。

（一）共享经济在中国的发展历程

早在两千年前，孔子就有了对于“大同社会”的设想。所谓大同社会，即人人都能得到关爱、人人都能安居乐业、人人尽其力、物物尽其用、人人得其所、经济繁荣发展的社会状态。中国共享经济从早期萌芽到现在的转型爆发，正在慢慢地将这种设想变为现实，正在创造美好生活。现代共享经济的发展经历如下阶段：

1. 萌芽期（2005—2011）

“共享”在中国由来已久，与熟人进行信息共享在生活中随处可见。但“共享经济”成为一种经济形态是伴随着互联网以及现代通信技术的进步和普及发生的。互联网以及移动通信技术的发展使得信息搜索成本迅速下降，共享的范围不再局限于熟人，而是扩大到整个网络，以至于远在万里的陌生人之间也可以共享产品或服务。同时，实物和信息共享都可以“变现”，共享开始成为一种经济现象，进而形成一种新的经济模式。

2005 年中国科学院客座研究员刘锋首次提出了“威客”的概念，被认为是中国现代共享经济的重要开端，同时也是共享经济商业模式的萌芽。“威客”是指那些通过互联网把自己的智慧、知识、能力、经验转换成实际收益的人。从提出时间看，“威客”概念比 2006 年由美国《连线》杂志记者 Jeff howe 提出的“众包”概念要早一年。自从“威客”概念提出后，许多威客网站竞相成立，例如创建于 2006 年的猪八戒网。威客网站一般只提供平台，交易内容涉及品牌设计、文案写作、网站开发等智力成果，由交易双方在线协商完成交易，相互评价后形成信用评价体系。

《2010 年中国威客行业白皮书》报告中显示，截至 2010 年中国有超过 100 家威客网站，注册会员超过 2000 万，整体累计交易金额超过 3 亿元。但是由于智力和技术交易存在知识产权难以界定、商业模式不稳定等问题，威客模式逐渐步入低谷期。

尽管威客模式并没有一直高速发展下去，但是威客模式的提出是共享经济的重要探索，为共享知识和技术成果提供了一条新思路。

2. 起步期（2012—2014）

2008 年美国金融危机之后，由于产能过剩严重、人们收入下降，再加上移动互联技术发展等因素刺激，国外共享经济型的公司数量开始出现爆发式的增长，特别是空间住宿、交通出行等领域，出现了一批领头羊企业，例如 Uber 和 Airbnb。Uber 成立于 2009 年，利用线上大数据平台，精准定位乘客和司机，利用云计算进行最佳匹配，将线下的闲置产能集合到线上平台。Airbnb 于 2008 年成立，运作机制是为拥有闲置住房资源的用户和需要短租的旅客提供线上交易平台，既帮助房主将闲置浪费的住房转化为收益，又可以满足旅客多元化的住宿需求，并提供用户体验服务。到 2017 年，其用户已经遍布近 190 个国家近 34000 个城市，发布全球的 400 万 + 房屋租赁。虽然没有一间自己的房子，但是估值超过用了 65 年时间收购和建造全球最大的、在 100 个国家出租 65 万间客房的酒店集团——洲际酒店集团。2018 年，Airbnb 估值 310 亿美元，已经远超过传统酒店的行业巨头万豪国际集团。2020 年 11 月，其市值高达 865 亿美元。

在意识到国外共享经济的发展趋势后，国内众多领域的共享经济型企业开始如雨后春笋般大量涌现，例如滴滴出行、快的打车、小猪短租、蚂蚁短租等。

在交通出行领域，国内的移动租车业务发展迅速。2010 年第一家线上租车公司租车宝出现，2012 年快的打车和滴滴打车相继成立，2013 年滴滴打车和快的打车获得阿里巴巴和腾讯的投资，中国在线租车行业高速增长。2014 年出现了一大批线上租车公司，Uber 也进入北京、深圳等中国城市。移动租车行业自出现起就受到风险资本的青睐，滴滴出行和快的出行均完成多轮融资。艾媒咨询数据显示，截至 2014 年上半年，中国打车市场呈现出“快的打车”与“滴滴打车”并举的状况，两款应用的用户重叠度超过 50%。共享出行方式解决了传统“打车难”“司机拒载”等问题，进一步满足了乘客的出行需求。

在线短租模式共享住宿空间，在中国拥有较大市场。因为中国拥有较高的房屋空置率，且传统的空间住宿资源分散、交易成本高。共享空间住宿模式把闲置资源利用起来，既为需求者提供了高性价比的服务，也为资源的拥有者提供了额外收益。在线短租于2011年在国内兴起，途家、蚂蚁短租、游天下于2011年成立，小猪短租、木鸟短租、住百家于2012年成立。2013—2014年，在线短租市场的新进入者包括安途短租、大鱼自助游、去呼呼等。随着在线短租的初创企业数量稳步增加，领头企业获得多轮融资，但是市场潜力尚未得到全部释放。根据速途研究院的数据，2012年中国在线短租市场起步规模仅1.4亿元，2015年其规模已超过100亿元。

同时，共享经济也悄然进入生产制造和金融等领域。例如，阿里淘工厂作为共享制造的探索者于2013年10月开始试运营，发展到2015年，已经有1.5万个厂商在平台注册，为超过4万家的淘宝商户提供生产服务，淘宝商家与生产厂商双向选择，生产线利用率也得到了提高。在共享金融领域，众筹网于2013年2月正式上线，截至2015年1月1日，该网站众筹项目数量为1964个，累计筹集资金6149.28万元（赵颖和宋婧楠，2016）①。在众筹平台上，项目发起人可以汇聚共享资金完成项目，并给予出资人回报，克服了传统融资的阻碍。

在此期间，共享经济浪潮迅速席卷中国，滴滴出行、小猪短租等企业的发展让我们了解到如何利用分享提高传统产业的附加值，改变传统产业的运作模式，为中国经济注入新的活力。

3. 成长期（2015—至今）

自2015年起，全球共享经济开始全面爆发。根据普华永道预测，到2025年，全球范围内共享经济的收入规模将从2014年的约150亿美元增加到3350亿美元左右。在中国，2015年被定义为“共享经济元年”②。得益于互联网技术和商业模式的不断成熟，共享经济参与主体和规模进一步扩大，并涉及交通出行、住宿餐饮、文化创意、教育培训、医疗诊断、制

① 赵颖、宋婧楠：《中美众筹模式分析——以中国众筹网与美国Kickstarter为例》，《海南金融》2016年第1期。

② 贺佳雯：《2015，中国“共享经济”元年》，《中国经济信息》2015年第24期。

造服务等多个细分领域。国家信息中心分享经济研究中心指出，预计到2020年，共享经济交易规模占GDP比重将达到10%以上。

在共享出行领域，形成了共享单车、实时打车和分时租赁互为补充的完整体系，覆盖了从1公里到100公里的出行需求。2015年快的打车与滴滴打车战略合并，神州租车推出神州专车；2016年滴滴收购Uber中国，并跻身全球“独角兽”的行列。2015年，ofo小黄车的诞生标志着共享单车的出现，随后摩拜单车和ofo小黄车相继进入一线城市并完成多轮融资。2016年，共享单车市场逐渐涌现出第二梯队的参与者如哈罗单车、小鸣单车、小蓝单车、町町单车等。随后，由于激烈的行业竞争，部分“问题平台”退出市场。Trustdata移动大数据监测平台数据显示，ofo和摩拜单车占据大部分市场份额，哈罗单车正快速成长。共享汽车也初具规模，交通运输部公布信息显示，2017年6月中国共享汽车企业40余家，车辆总数超过4万辆，主要参与者是首汽gofun、环球车享、car2go等企业。

同时，伴随着文旅消费的升级和资本的助推，中国的共享空间模式不断创新发展，已成为共享经济市场中的领跑领域。《中国共享住宿发展报告（2018）》显示，2017年我国共享住宿市场交易规模约145亿元，较上年增长70.6%；参与者人数约7800万人，其中房客约7600万人；融资额约为5.4亿美元，比上年增长约180%。小猪短租的市场规模2015—2017年三年间增长了12倍，其估值超过10亿美元跻身独角兽行列；途家完成3亿美元E轮融资，估值超过15亿美元；同时，中国已成为Airbnb全球第二大市场。传统住宿观念的转变和对个性化服务的追求，使得共享住宿越来越受到大众欢迎。

共享知识技能萌芽于2005年的“威客”概念，如今正保持良好态势加速发展。根据《中国共享经济发展年度报告（2018）》，2017年知识技能共享的市场交易额达到1382亿元，比上年增长126.6%；企业融资额约为266亿元，仅次于交通出行和生活服务领域。参与用户数约为7亿人，喜马拉雅等知识技能共享平台的用户已达亿级规模。猪八戒网、一品威客网等众包平台积极推动线上线下融合，不断完善创新创业服务。

2019年，中国共享经济市场交易额为32828亿元，比上年增长11.6%。生活服务、生产能力、知识技能三个领域共享经济交易规模位居前三，分别为1.73万亿元、9205亿元和3063亿元，分别较上年增长8.8%、11.8%和30.2%。在整体就业形势压力较大的情况下，共享经济领域就业仍然保持了较快增长。平台员工数为623万，比上年增长4.2%；共享经济参与者人数约8亿人。①

2020年，在爆发全球新冠肺炎疫情冲击下，中国全年共享经济市场交易约为33773亿元，同比增长约2.9%。尤其是与创新驱动战略、高质量发展密切相关的知识技能、医疗共享等领域的市场规模大幅增长，同比分别增长30.9%和27.8%测算表明，共享经济参与者约为8.3亿人，其中服务提供者约为8400万人，同比增长约7.7%；平台企业员工数约631万人，同比增长约1.3%。②

除此之外，共享经济在其他领域也表现出色。例如，共享医疗、共享配送极大地丰富和便利了人们的日常生活，共享金融的发展缓解了小微企业融资难困境，共享生产制造促进了传统制造型企业转型发展。

经过转型爆发期，云计算、物联网、移动互联网、移动支付、现代物流等新兴信息技术为共享经济带来了丰富多彩的新产品和新模式。例如，国外共享单车市场主要是插卡缴费、固定位置，我国的共享单车则通过手机支付、GPS定位、App扫码，形成了一个全新的商业模式。

正如国家信息中心首席信息师、分享经济研究中心主任张新红所说，共享经济是新常态下中国经济转型发展的突出亮点，共享经济的发展大趋势不会改变。

① 国家信息中心分享经济研究中心：《中国共享经济发展年度报告（2020）》，2020年3月。

② 国家信息中心分享经济研究中心：《中国共享经济发展年度报告（2021）》，2021年2月。

（二）迅速扩张的国内外发展规模

自 2012 年以来，中国共享经济的规模急剧扩大并呈高速增长态势，并逐渐渗透到海外。到 2017 年年底，中国共享经济成交额已达到 57220 亿元。[①] 以共享出行领域为例，网约出租车和网约专车自 2016 年到 2017 年分别增长了 27.43% 和 40.62%。共享单车更是发展迅速，2017 年全球共享单车参与人数已增至 2.27 亿，自 2017 年 6 月到 2017 年 9 月，境外市场中，共享单车三个月内的周活跃用户渗透率涨幅达 2440%。从数字中不仅可以清楚看到中国共享经济的规模，还可以看到中国共享经济的发展速度。

那么中国缘何成为全球共享中心，或是说，中国成为共享经济中心有哪些优势？中国有三重优势：一是政策红利。改革开放的 30 多年，中国政策上一直是充满包容性的，鼓励中国企业学习外国的先进经验和技术来弥补发展中的短板是中国经济政策的主旋律。二是人口红利。中国拥有全球第一的网民规模，共享经济能够融合生活、生产的基础。三是终端的技术优势。作为正在崛起的发展中国家，中国对以大数据、互联网为代表的高端技术的吸收、创造、利用的能力是巨大的。中国是共享经济创新技术的实践者，将现实与虚拟相融合，蝶变出新的商业模式。由此，共享平台内企业不断丰富，参与人数不断增加。不论从广度还是深度来看，共享经济发展之势可谓是日新月异。共享经济的发展规模正急剧扩张，正从服务、消费到生产，从起步、成长到壮大，从尝试、创新到变革，共享经济正经历巨大的挑战与机遇，为中国的创新创业发展提供新动力。

与此同时，中国共享经济企业国际化步伐显著加快，利用海外较好的信用条件和更加健全的法律体系，开始向海外扩张。数据显示，自 2015 年，原小蓝车、小黄车、摩拜等多家共享单车企业都曾布局海外市场。滴滴国际化步伐加快，先后投资了巴西 99、南非 Taxify、美国的

---

① 艾瑞咨询：《2017—2018 中国共享经济行业全景调查报告》，2018 年 2 月。

Uber 和 Lyft 以及中东北非地区的 Careem 等移动出行服务平台，合作网络遍布北美、东南亚、南亚、南美 1000 多个城市，覆盖了全球六成人口。① 从共享汽车、共享雨伞、共享充电宝再到共享农场，共享经济的浪潮一浪掀过一浪。2017 年 12 月 4 日，在第四届世界互联网大会的"共享经济：创新与治理"论坛上，来自国内外众多企业家就出行共享、空间共享以及知识共享展开热烈讨论，纷纷点赞中国共享经济发展取得的成绩，认为中国正在成为全球共享经济的中心。② 可见中国的共享经济规模在全球已处于领先地位，并逐步加速全球布局。

（三）中国共享经济发展备受瞩目

虽然共享经济在中国发展时间并不算长，但是依托于中国特有的优势条件，其市场规模、科技创新都走在世界前列，中国共享经济商业模式越来越受到外国关注，国际影响力也逐步加强，这都在推动着共享经济企业走出国门，也吸引着其它国家和地区学习中国共享经济的发展经验。

正如原摩拜单车联合创始人兼首席执行官王晓峰表示，中国正在成为全球共享经济中心。截至 2018 年年初，摩拜单车已在全球 12 个国家的超过 200 座城市提供服务，超过 800 万辆智能共享单车正在运行，全球注册用户超过 2 亿，每天提供超过 3000 万次骑行。凭借在推动全球绿色环保方面的突出贡献，摩拜单车荣获联合国环境领域最高奖项——"地球卫士"奖，这是该奖项设立 13 年来，首次有中国企业获此殊荣。③ 由此，中国的共享单车模式引起了外媒的广泛关注，称摩拜和 ofo 是"中国式创新"。此外，2017 年 2 月，途家在日本成立了全额出资子公司日本途家，并与日本的酒店预约网站"relux"的运营方 Loco Partners 公司展开

---

① 李勇坚：《超过 6000 家中国数字技术公司进入海外市场》，《中国战略新兴产业》2018 年第 21 期。

② 彭琳、肖文舸：《中国正成全球共享经济中心》，2017 年 12 月 5 日。

③ 《出海记｜中国企业 2017 年出海报告之共享经济：中国模式颠覆世界》，《参考消息》2018 年 1 月 2 日。

合作。2017 年 9 月，优客工场在美国洛杉矶的场地正式开放。共享出行的代表企业“滴滴”也早就把视野投向了海外：东南亚的 Grab、欧非地区的 Taxify 以及中东北非地区的 Careem 这 3 家共享出行平台均获得了滴滴的投资，滴滴通过输出资本、技术和商业模式等方式完成海外市场的渗透，目的在于与国外出行平台共同打造智慧交通创立“世界级科技公司”。

联合办公企业 WeWork 的联合创始人及首席执行官亚当·纽曼指出，“现在如果你没有进入中国市场，都不能说自己是一个国际公司。中国推出‘双创’，我们非常支持。”随着中国共享经济企业逐渐走出国门，中国正渐渐成为全球共享经济中心。通过本土化合作，企业入乡随俗，和当地政府积极沟通，为当地客户提供更优质的服务，使中国经验、中国智慧、中国技术走出国门，在国外展现中国的文化和全新的大国形象，这在助力中国经济发展的同时，也帮助带动当地传统行业升级，从而实现双赢。共享经济，在中国政府的支持鼓励和包容审慎的监管环境下，依托中国特有的优势条件，正加速科技创新和市场规模，国际影响力逐步加强，中国共享经济正在走出国门，加速全球布局，备受世界瞩目，正在向世界人民逐渐展示中国共享经济的发展经验。

二、共享经济改变人们生活方式

近年来，中国居民的衣食住行日常生活，随处可见共享经济的影子。在未来经济生活中，一切资源都可被共享。在此背景下，人们的生活和工作方式也将发生深刻的变化。共享经济所影响的范围正以人们始料未及的速度迅速拓展，全球共享经济进入快速扩张期，共享经济将渗入百姓生活的方方面面，在衣、食、住、行、医疗、教育等各个领域改变人们的生活方式。同时，共享经济产权二元性及其平等、利他的理念，也潜移默化地影响人们的消费方式和消费品质。

（一）共享经济影响的生活领域

近年来，共享经济所影响的范围正以人们始料未及的速度迅速拓展，全球共享经济进入快速扩张期，共享经济将渗入百姓生活的方方面面，在衣食住行、医疗卫生等各个领域改变人们的生活方式。

共享交通出行模式凭借其创新的资源利用、快速的需求响应和便利的支付方式，在短时间内成为影响范围较广、活跃程度较高、备受消费者追捧和市场关注的热门领域。这一模式成长于巨大的存量市场，有效盘活了社会上大量可利用的车资源、司机资源、停车位资源等，在改变人们出行方式的同时，指数级提升了交通出行资源的利用率。从整个社会的效益来看，共享出行工具带来的服务能够缓解城市的交通拥堵状况，道路上的私家车数量减少，人们不再执着于所有权的拥有而转向对使用权的交换；多样化的出行选择使人们的出行方式发生改变，“汽车＋自行车＋步行”的综合方式扩大人们的生活半径；快捷便利的服务省去排队等车、寻找停车位的无效时间，社会生产力得到提高；城市的二氧化碳排放量会有所减少，进一步促进经济绿色化发展。

美食共享虽然影响不大，但却是新意不断，爱大厨、好厨师、回家吃饭、黄太吉以及U味儿等平台的涌现，或提供厨师上门服务，或进行家厨共享，或者是共享厨房产能，为居民的饮食提供了共享厨艺、沟通交流的平台。整合衣食住行诸多方面的共享社区的涌现，更是成功地将共享的理念扩展到日常生活的各个层面。“共享社区”作为一种新型居住模式，满足多种需求的社区交流平台被搭建起来后，居民在满足日常生活的同时也获得形式多样的共享空间。南沙许多社区都开始在方方面面的践行起“共享理念”，小区门口引入了共享汽车；有的社区将小区架空层细致地分成多个功能空间，设置休闲区、儿童游玩区、运动区，“共享家庭”让业主们可以一起工作、吃饭、运动；龙光棕榈水岸小区推出共享购物车，方便了业主搬取快递；滨海珺城小区业主发起共享“足球运动”；共享工具箱出现，里面有各种常用的专业工具、折叠梯，还有雨伞和急救药箱等，只要登记业主信息和具体借用物品就能使用；APP“左邻右家”方便居民日常生活，投诉报修、物业账单、停车缴费、门禁管理等功能都可以在手机上轻松实现。各种各样的共享理念在社区的角落里生根发芽，多元化的“共享社区”在南沙随处可见。

医疗健康行业向来以供需矛盾突出饱受争议，一方面众多患者缺乏医疗健康资源，另一方面医疗健康体系还剩余了大量的资源，包括 194 万医生和健身教练的潜在时间盈余，近 6 成闲置的基层医疗健身设备，以及最为重要的医疗健康大数据。目前，在共享医疗健康模式的推动中，医生、健身教练和医疗健身设备资源逐步对外开放，需求者能通过共享平台低成本高效率地获得满意的产品和服务，更为瞩目的是数百万人正在开放他们的医疗记录，在充足的医学常识基础上，患者通过自主尝试逐渐成为自己的“拥护者”，而这与市场经济的发展规律互相呼应，撼动着医学的理论和实践。共享医疗健康模式可以分为在线问诊、医生上门、健身共享三种类型。2011 年春雨医生首次上线，作为当今中国移动互联网领域最领先的健康咨询 APP，目前已激活用户超过 4500 万人，每日提问量超过 5.5 万。春雨医生主要提供“自查 + 健康咨询”两大功能，用户能够在搜索界面上输入症状、药物、身体部位等关键词，从而获得详细专业的内容，通过自查为自己进行病情诊断。同时，软件平台还提供社区服务，用户可以将自己的治疗记录公开在讨论专区，为其他用户提供参考信息。

总之，共享经济模式正逐步内化为人民的一种生活方式，使资源消耗大幅度减少，环境效益不断提高，社会财富不断增长，社会成员的幸福感与满足感得到更好的保障，深刻践行了“多谋民生之利、多解民生之忧”，让人们有更多更充实的获得感和参与感。共享经济使社会资源得到充分利用，这种新型生活理念、管理方式、思维方式的创新正在以一种不可逆的方法日益深入人心。在未来，共享经济随着代际传承和商业发展的累积，将逐步沉淀为经济发展的主流形式，为经济的腾飞与人民生活水平的提高注入源源不断的生机与活力。

（二）从占有到共享的消费方式

在全方位改变人民生活方式的同时，共享经济也潜移默化地影响着人民的消费方式。共享经济使人们消费方式渐渐从私人占有转向共同使用，实现对闲置资源甚至是一切资源都可以进行使用权的分享。从产权角度出发，共享经济最显著的产权属性即是资源的所有权和使用权相分离这一二元性，更注重资源的使用权交易。在传统经济模式下，资源所有权等同于使用权，默认只有拥有资源才可以使用，这种强调产权的“排他性”极易引发资源浪费，导致大量资源闲置在少数人手中。然而，可切割性是产权的天然内在属性，共享经济的出现打破了资源的排他占有性，使资源所有权与使用权分离，实现了“从私有到公用”的深刻变革。

共享经济使所有权不再重要。共享经济将使经济活动的参与方越发具有社会人性，不再单单是理性的经济人。在共享经济时代下，经济活动参与者会追求个人私利，但与此同时，他们也会注重社会关系，具有利他精神。在分享的过程里，经济活动参与者不只是注重于经济利益的回报，可能更重视与人方便等自我实现与自我满足感的需要，这是经济活动参与者愿意参与到社会网络中的原因。而人与人之间形成的社会网络，将共享经济各参与方便捷、高效、低成本地链接在一起。经济活动参与者的社会人性、社会网络的迅速扩张以及信息的充分流动，成为分享一切资源的良好社会基础。正是因为在分享经济中人与人之间的边界越来越模糊，这就弱化了传统经济中隔离的所有权。

共享经济强化了资源的使用权。在共享经济时代下，虽然经济活动参与主体不能获得关于市场经济运行的全部信息，但是通过网络科技以及大数据等技术的发展，信息不对称的程度会越来越低，并且通过共享平台中的第三方作用，信息的真实性会得到有效的保障。在这种信息均衡的条件下，分享的成本就会降低，从而为推动所有资源的分享提供了有利的条件，这种信息均衡强化了资源的使用权。由此，共享经济实现了“从私有到公用”，将所有权交易转变为使用权共享，降低交易成本，提高资源的使用效率，实现经济的绿色发展。

共享经济实现了从私有到公用，“公用”无疑是共享经济的最终落脚点，共享平台上的资源具有公共性，人人都可使用，人人都可参与，且平台搭建了广阔的接口，实现了对一切资源皆可共享，满足了社会各类型主体对各种资源的使用需求，从而促进了社会友好持续地发展。在现代科技快速发展的条件下，产能过剩已经成为一种普遍现象，同时知识技术的快速涌现，物联网、3D 打印和人工智能等新兴技术的蓬勃发展，为打破资源稀缺，创造海量资源提供了条件，而不再稀缺的资源为经济活动参与者共享一切资源提供了物质基础。资源逐渐富裕下，经济活动参与者共享资源的使用权就成为一种最优策略。与此同时，经济活动参与者可以通过新兴的科学技术创造出来的共享技术与共享平台，实现一切资源使用权的共享，这是科学技术搭建起共享的渠道，从而推动经济向绿色发展迈进。

（三）共享平等利他的美好品质

共享经济所展现出来的不同于传统商业模式，又具有自身典型特色的经济发展理念，诸如“平等”“利他”等优秀品质，正在影响到人们生活的方方面面，使大众潜移默化地形成共享平等利他的美好品质。

“利他”理念是共享经济模式中体现显著的特性之一，而且明显区别于新古典经济学的“利己主义”经济人的假设。从这个角度来说，共享经济“利他”的理念对传统经济学理念提出了颠覆性的挑战。共享经济给大众带来的“利他”理念，指随着经济水平的提高及社会资源配置的日趋完善，越来越多的公众不再仅仅为了获得物质利益而参与经济活动，其参与的目的更多转向满足自我价值的实现，可能是出于兴趣参与活动获得成就感，也可能是在经济活动过程中实现了帮助他人的愉悦感。例如，共享经济的众筹模式正在改变慈善事业，类似于“轻松筹”的“互联网＋慈善”平台，将人们捐助方式由线下转变为线上，公众向募捐发起人资助，并不能获得物质回报，但可以出于同情心、提升自我价值来进行参与，从而获得精神上的满足。实际上，这与传统经济学领域的“经济人理性行为”理论并不矛盾，甚至殊途同归。尽管传统经济学领域强调在经济生活中，人人都是“理性的经济人”，但这并不代表“经济人”只会追求物质方面的经济利益。马斯洛需求层次理论认为，人的需要达到最高层次便是尊重和自我实现，而不仅仅是经济方面可以满足的生理需要，人的更高层次的需要往往更加受到现代人的推崇，且很难用经济利益来满足，而共享经济平台的构建从人本、自由、平等的角度出发，恰恰满足了人的自我实现需要和尊重需要，这其中对更高层次需要的满足离不开利他行为的渗透，个人为了实现对自身更高层次需要的满足，很大程度上会做出利他的行为举动。

此外，共享经济也始终贯彻“平等”理念，指共享经济的各参与方，无论是公司白领、医生、教师抑或是家庭主妇，无论身处北上广等发达地区还是在三四线不知名的小城市，都拥有平等的权利参与经济活动。基于互联网平台的包容性和开放性，共享经济通过现代信息技术平台，显现了“长尾效应”、弱化了“马太效应”，实现了大众的平等交易。这一定程度上剔除了行业垄断壁垒，使更多的弱势群体能够享受到平等的产品和服务；更是渐渐改变社会对金字塔底部消费者的歧视，正以平等自由的包容之风助力每一位消费者更便捷、更有尊严地参与经济活动。

三、共享经济改变社会生产方式

不仅在人民生活领域，在社会生产领域，共享模式也风生水起。中国正在进入新常态的经济发展阶段，共享经济提供了新型就业模式，改变了传统企业生产模式，并实现了以可再生能源为生产动力的规模化扩张效应，为社会的全要素、跨产业、绿色化生产创造了新的渠道通路，在促进产业结构升级、化解资源与环境约束、解决产能过剩等方面有显著效果，正在改变中国企业的生产模式。

（一）共享经济改变行业就业模式

共享经济还为人民提供了新的就业模式。① 共享经济的发展所形成的社会结构的变化带来了就业模式的根本变更。不同的社会成员由于所受的教育和生活经历不同，拥有的技能也各不相同。传统观念下，每个人仅服务于一家企业或一个机构，个人才能的发挥空间受到限制，个人对社会的贡献力度受到无形的制约，从而使个人收入水平受到影响。劳动者为了遵守纪律和作息时间，会有大量的时间与精力消耗在无形等待中；而企业要占有劳动者的某一技能则必须雇佣一个独立的个体，每个机构都要建立体系完整的人才结构，形成无形的浪费。共享经济可以改变这种状况。当社会对人才的需求与个人能力之间有着便捷沟通渠道时，个人的才能就会有更为广阔的发挥空间，也为社会进步提供巨大的空间，使就业出现新的模式。劳动者服务的对象不再是单一的机构而是整个社会，“朝九晚五”的工作方式将发生变化，工作时间具有极大的弹性和自由度，这对提高劳动者工作积极性和创造性具有良好的作用，也可以大幅度减少企业与机构人力资源的支出。例如，共享知识教育的出现，将看似不可战胜的社会壁垒被互联网革命的分布式、协作、对等力量击倒，学术界的大量资源被广泛传播，释放出了源源不断的潜能。社会上的每一个人都是某方面认知的“专家”，一个人在某一方面的专长对于自身可能并不意味着什么，但对于社会上的其他人，可能就是非常有价值的资源。人们是乐于创造和共享的，在共享盈余认知时，可能因为为他人做出贡献而感到满足并产生成就感。所谓共享知识教育模式，即秉持分布式协同共享理念，通过搭建实时互动开放的平台，发掘出广大知识分子的才能价值，并创造了输入输出的接口，使得信息资源能够亿万倍地被传播被学习，实现了资源的充分利用和无限放大。这种模式极大地满足了知识分子的共享欲望和权威需求，促

① 杨林：《共享经济背景下经济绿色发展的理论思考》，《苏州科技大学学报》（社会科学版）2017 年第 6 期。

使其更具信心地发挥个人聪明才智。

此外，共享经济更助推人们从就业转向万众创业。共享经济打破了创新创业的资源约束，资源的私人“占有”不再是组织的关键竞争优势，资源“公用”、共同合作才是企业发展的路径，闲置资源有效利用增加了资源供给，按需分配的特征减少了资源浪费，创新创业有了富足资源的基础。世界经济增长乏力的背景下，共享经济又促进了经济发展方式向创新驱动转变，解决了经济发展的要素约束问题。传统产业也在共享经济的作用下转型升级，实现“二次创业”，走出企业走向衰退期这一传统生命周期的必经之路。共享经济通过助力创新创业，不断产生新的经济业态，而这些新的业态往往与资源节约型、环境友好型的特征密切相关，推动经济走向绿色发展。

（二）共享经济改变企业生产模式

中国在进入新常态的经济发展阶段中，出现了高耗能、高污染等现象，导致资源环境约束愈发显著，而共享经济的出现正为这一困局的突破带来了希望。凭借着分布式、协同和横向对等的生产交易模式，共享经济实现了以可再生能源为生产动力的规模化扩张效应，为社会的全要素、跨产业、绿色化生产创造了新的渠道通路，能够有效化解资源与环境的约束，正在改变中国企业的生产模式。

共享经济改变企业生产模式，体现在企业逐渐从资源持续投入转向产品的循环使用。在共享经济模式下，消费者开始意识到自己需要的只是产品和服务的使用权，资源的拥有权并不是必要的，只要实现物尽其用即可，而生产厂商也逐渐将关注的重点由仅局限于产品设计、制造销售扩展到整个产品生命周期，企业的责任贯穿制造的始末，涵括产品消费回收的终端。这种现时共享模式延展的“使用—再使用—回收再利用”闭环运行模式，资源的效用在循环使用中实现最大化，符合了新型社会转向绿色发展的宗旨。循环使用的逻辑就是效仿食物链、延伸产业链、提升价值链，科学原理为新陈代谢、过程耦合和设施共享，主要以减量化、再利用和资源化为原则。减量化包括源头减量和末端减量，追求以同样的资源生产出更多的产品或者生产同样的产品消耗更少的资源，具有代表性的就是共享经济中一些虚拟企业如 Wonolo、Zally，突破“全员雇佣，场地办公”的传统自雇型模式，借助外包和众包，以更少的固定资产提供更优质的服务；再利用，可以说是将旧的东西直接利用，或者是将旧的东西改装后进行重新售卖，这个在共享经济的二手交易市场体现得最为明显，如 58 同城的“转转”和淘宝二手平台“闲鱼”，均以每日千万的成交量激活了百万元的闲置资源；资源化，就是将废弃物作为资源，这一概念与再利用是有所区别的，再利用基本没有改变原来的物品形态，而资源化则已经看不出原产品的形态，比如共享模式下的共享太阳能企业如 SolarCity、Shared Solar 等，个体通过光伏系统使用太阳能进行发电，在满足自己使用的电量后，还可以将多余的电量放在电网上共享或是售卖。

共享经济改变企业生产模式，还体现在企业开始注重绿色生产。云计算、大数据、物联网、移动互联网技术为共享经济的兴起提供了技术基础，由此诞生的众多以“共享”为特色的新型企业以极快的速度占领了相关领域的聚焦点，不同于传统的重工业生产，共享经济中崛起的新型企业着力于科技创新、产业升级，以劳动、资本和技术的高效使用，逐渐步入绿色生产的发展进程。清洁生产是将整体预防的环境战略持续应用于生产过程、产品和服务中的一种模式，可以提高生态效率和减少破坏环境的风险，这与共享经济的绿色环保导向协调一致。清洁生产包括生产全过程和产品周期全过程，使用的重要工具为清洁生产审核和全生命周期评价。对于生产过程方面，清洁生产要求节约原材料和能源，在科学的审核标准下，淘汰并替代有毒有害的原材料，并在全部排放物离开生产过程前尽可能减少其排放量和毒性。对于产品方面，持续追踪产品从原料提取到产品最终处置的整个生命周期，以严苛的评价机制规范企业的生产制造，尽可能地减少产品对人类和环境的不利影响。对于服务方面，设计与所提供的服务中要求考虑环境因素，避免在服务过程中产生和排放污染物。在制造型企业向绿色化转型的进程中，清洁生产的地位逐渐提高，甚至成为评判企业是否推进生态文明建设的一项重要审核项目。

（三）共享经济促进产业结构升级

在带领中国这一发展中大国进行经济改革、产业转型发展实践中，新时代中国特色社会主义思想为中国战略性新兴产业发展战略、“中国制造 2025”战略的制定提供了思想指导，为中国经济可持续发展提供理论依据，为中国进一步形成开放的产业结构提供理论指导。① 中国要深入实施创新驱动发展战略，推进产业转型升级和新旧动能转换，以习近平的重要讲话精神为指导思想，中共中央、国务院先后制定了一系列重要的经济发展规划和政策措施，针对产业结构转型面临的诸多困难，制定并实施了创新发展战略以及一系列新兴产业扶持政策。其中，党的十九大报告中提出，要“加快建设制造强国，加快发展先进制造业，推动互联网、大数据、人工智能和实体经济深度融合，在中高端消费、创新引领、绿色低碳、共享经济、现代供应链、人力资本服务等领域培育新增长点、形成新动能。支持传统产业优化升级，加快发展现代服务业，瞄准国际标准提高水平。”② 其中，共享经济以其创新性的经济模式，能很好地助力产业转型升级。

首先，共享经济能推动传统产业进行技术创新。汽车、飞机制造等资本和技术密集型产业在价值链上的升级大多由生产者驱动，此类产业转型升级的方式一般是提高技术创新能力，共享经济下企业不仅通过开放式的创新提高研发和产品转化效率，而且通过全球价值链增强创新合作与相互学习。嵌入价值链的企业升级过程就是一种技术知识学习和能力的最终获得过程。传统产业的领导者为了集中资源发展核心竞争力，会将低端环节转移给追随者，此时就会产生共享盈余，为了更高效率地完成价值链上这一环节而自愿地将技术和知识共享。于是产业领导者集中力量推动自主

---

① 孙智君：《习近平的产业经济思想及其显著特征》，《贵州社会科学》2017 年第 2 期。

② 习近平：《决胜全面建成小康社会　夺取新时代中国特色社会主义伟大胜利——在中国共产党第十九次全国代表大会上的报告》，人民出版社 2017 年版，第 30 页。

创新，其他环节的企业借助既有资源进行技术模仿与赶超，整个产业实现升级。

其次，共享经济模式促进供给侧结构变革。在传统经济模式下，生产了大量无效或低效的社会产品，导致有限的社会资源无形消耗，使经济增长受到制约。共享经济模式改变了人们的消费观念，“使用而不拥有”使社会产品利用率得到提升，对传统产品的需求量大幅减少，在促进社会财富增长的同时催生更多新增需求和衍生需求，从而带动新的行业出现，在一定程度上确保整体经济不会因消费共享转型而下滑；从供给层面来看，可以大量减少传统产品的生产而把资源应用于新出现的消费需求上。因此，共享经济虽然在短期内可能会对某些传统产业带来一定的冲击，甚至有些企业会在社会供给转型过程中消失；但从中长期来看，共享经济将会推动新型产业的产生和迅速发展，促进整个经济社会的绿色转型与可持续发展。

最后，共享经济加强高新技术产业的关联性和带动性。利用高新技术的渗透性，将高新技术产品供应给社会，能够改变企业的生产方式和个人生活方式。社会需求的改变在共享经济供需高效匹配的作用下迅速反馈到供给侧，促使传统产业与高新技术进行融合，高新技术的先进性带动传统产业，创新传统产业的生产方式，使传统产业迅速转型升级。

四、先进共享理念和战略的指引

新时代中国经济正在走向创新驱动、科技融合、绿色低碳的发展之路，而共享经济对于实现市场准入畅通、激发科技创新、践行绿色环保、推动共同富裕有着独到的优势。发展共享经济是大势所趋，共享经济的持续、健康、快速发展需要清晰的战略思维指导。2015 年 10 月，在中共十八届五中全会审议通过的《中共中央关于制定国民经济和社会发展第十三个五年规划的建议》中，明确提出了“发展分享经济”，由此将“分享经济”也即共享经济的概念正式写入国家政策文件之中。后来的十九大报告、2018 年 3 月的中国政府工作报告也一再强调发展共享经济，这标志着共享经济模式及其商业价值得到了国家决策层面的认可和鼓励，共享经济成为国家战略设计的一部分并形成了清晰的战略思维。此外，共享经济这一新兴经济业态想要发展壮大，自身也需要清晰的战略思维，从而实现健康、有力的发展。

（一）共享经济上升为国家方略

中国政府对待共享经济的态度令国人振奋、令世界关注。面对共享经济，中国给予了充分的包容与支持，从 2015 年第一次明确提出至今，共享经济已多次在国家重要会议上被提出，显现出中国对共享经济的重视程度日益凸显，并逐步重视使其上升为方略高度。

2015 年 10 月 29 日，党的十八届五中全会公报中首次明确指出“发展分享经济”，这是第一次将分享经济写入党的全会决议中，标志着分享经济正式列入党和国家的战略规划。

2015 年 12 月 16 日，第二届世界互联网大会在浙江省乌镇开幕。习主席出席开幕式并发表主旨演讲。习主席指出：中国正在实施“互联网+”行动计划，推进“数字中国”建设，发展分享经济，支持基于互联网的各类创新，提高发展质量和效益。

2016 年 3 月，李克强总理在 2016 年政府工作报告中两次提到分享经济，表示“以体制机制创新促进分享经济发展，建设共享平台，做大高技术产业、现代服务业等新兴产业集群，打造动力强劲的新引擎”，“支持分享经济发展，提高资源利用效率，让更多人参与进来、富裕起来。”① 这深深反映出中央对“分享经济”的看重，也表明了坚定的立场和鲜明的态度。随后公布的《十三五规划纲要》也明确提出“积极发展分享经济”。

2017 年 3 月，李克强总理在 2017 年政府工作报告中再次提出分享经

① 李克强：《政府工作报告》，人民出版社 2016 年版，第 23 页。

济，要“支持和引导分享经济发展，提高社会资源利用效率，便利人民群众生活。本着鼓励创新、包容审慎原则，制定新兴产业监管规则。深化统计管理体制改革，健全新兴产业统计。”①

2017 年 7 月 3 日，国家发展改革委等八部门联合印发《关于促进分享经济发展的指导性意见》，明确表示，在坚持包容审慎的监管原则下，要避免用旧办法管制新业态，破除行业壁垒和地域限制。可见，中国共享经济将越来越深入地渗透进实体经济之中，在技术融合、产业融合、数据融合、产消融合、虚实融合等诸多层面推动实体经济发展，助力我国经济腾飞。

2017 年 10 月，在党的十九大报告中关于构成新时代坚持和发展中国特色社会主义的基本方略中的两条重点内容中强调了发展共享经济。其中，在（一）坚持新发展理念中强调“必须坚定不移贯彻创新、协调、绿色、开放、共享的发展理念。”在（二）坚持在发展中保障和改善民生中又指出“保证全体人民在共建共享发展中有更多获得感，不断促进人的全面发展、全体人民共同富裕。”在贯彻新发展理念，建设现代化经济体系时说：“在中高端消费、创新引领、绿色低碳、共享经济、现代供应链、人力资本服务等领域培育新增长点、形成新动能。”

2018 年 3 月 5 日，李克强总理在《政府工作报告》中再次强调：坚持新发展理念，紧扣我国社会主要矛盾变化。发展平台经济、共享经济，形成线上线下结合、产学研用协同、大中小企业融合的创新创业格局，打造“双创”升级版。

2019 年 3 月 15 日，李克强总理答记者问强调：共享经济带动了就业、方便了群众、推动了产业发展。对这种新业态、新模式要采用包容审慎的态度。

2020 年 5 月 22 日李克强总理在《政府工作报告》再次强调，坚持包容审慎监管，发展平台经济、共享经济，更大激发社会创造力。

---

① 李克强：《政府工作报告》，人民出版社 2017 年版，第 25 页。

2020年10月29日，十九届五中全会通过的《中共中央关于制定国民经济和社会发展第十四个五年规划和二〇三五年远景目标的建议》中再次强调“促进平台经济、共享经济健康发展”。

至此，从中共十八届五中全会公报首次提出“分享经济”，到分享经济、共享经济数次写入政府工作报告、十三五规划纲要强调“积极发展分享经济”，再到十九大报告再次提出“共享经济”、十四五规划促进共享经济健康发展，发展“共享经济”已经成为上升为国家战略。

（二）呼吁包容有效的监管措施

改革开放的40多年，中国政策上一直是充满包容性的，鼓励中国企业学习外国的先进经验和技术来弥补中国发展短板是我国经济政策的主旋律，对于共享经济也不例外。在传统经济产业普遍面临产能过剩、人们的认知已经开始呈现分享盈余以及移动通讯、互联网技术迅速发展的前提下，共享经济得到快速的发展。中国的共享经济在平台企业的高效创新、政府有效引导、包容性的政策支持下，充分利用庞大市场规模、数字经济基础，规模迅速扩大。共享经济在生活、交通、住宿、文化艺术、金融、农业、制造业等区域遍地开花、无处不在，已成为全球共享经济中心，并助力创新创业转型升级、促进新型就业，共享平台企业已加速布局全球，中国的共享经济模式甚至开始被外国企业复制。无论是渗透的深度、广度，还是发展速度，中国均创造了共享经济发展的奇迹。

目前，我国的共享经济已经深入渗透到多个行业领域，深刻地影响着各行各业的盈利模式和经营理念。然而，中国虽然是有意通过包容性的政策进行鼓励和扶持，但同时对于一些发生的问题也显现出时滞和顿挫，在中国共享经济一路高歌猛进之时，已有的监管体系却出现严重的“水土不服”——共享经济既产生了巨大的市场价值，也引发了巨大的监管问题。新业态的健康良性发展需要政府监管的保驾护航，因此，随着共享业务领域的不断扩张和用户规模的持续增长，共享经济更加期待监管部门加快构建顶层设计，呼吁包容有效的监管措施，探索出创新共享监管的新战略。

在中国共享经济蓬勃兴起并深刻助力经济发展新常态、社会各方积极探索共享经济的引导、监管方式的背景下，中国政府对共享经济的发展给予了无限的包容、支持和期待，并逐步形成了以新时代中国特色社会主义思想为核心的共享经济思想，中国各级政府支持发展并规范着共享经济，避免了在某些共享经济领域还在相对弱小时被过度制约、被扼杀，同时又可在某些领域的发展出现乱象时可以根据其产生的根源适时推出相应的规范措施，这样既可以使共享经济快速发展，同时又避免了无序、恶性发展。在新时代中国特色社会主义思想的引领下，为使共享经济健康有序发展并更好地造福于人民，逐渐探索包容有效的监管措施，也在共享经济发展的每个阶段为其制定了相应的战略思路。

（三）发展共享经济的战略思路

中国政府高度重视共享经济的发展，并期待其引领创新创业、新旧动能转换、经济转型升级等历史性任务，这初步建立了中国发展共享经济清晰的战略思维。在新时代中国特色社会主义思想的引领下，为使共享经济健康有序发展并更好地造福于人民，在共享经济发展的每个阶段，也为其制定了相应的战略思路。

在一个共享经济企业发展的萌芽阶段，应当以包容审慎的态度，鼓励其自由成长。当新经济、新事物出现时，很可能与现行的法律、规章、制度不匹配，是让新经济削足适履，还是主动拥抱时代，优化和升级法律、规章、制度这个自由裁量权掌握在政府的手里。因此，若要支持共享经济发展，政府除了提供政策、资金、项目扶持以外，进行包容审慎的监管、不去扼杀新生事物同等重要。以滴滴打车为例，在其刚刚问世之时，因这种新兴的共享出行模式触动了以出租车行业为代表的诸多既得利益者的利益，故遭到了多方面的抵制并要求有关部门立即立法监管。而为了保护这一新兴经济模式顺利成长，也同时为了观察效果，有关方并没有立刻采取行动，而是以包容的态度让其自由发展。至此，滴滴出行平台整合了出租车、网约车、顺风车、代驾等多种共享出行方式，提供完整的一站式出行服务。此外，这一新兴模式的成功也激发了共享经济创新模式的浪潮，尤其是带动了出行行业的发展。2017 年交通出行领域共享经济保持稳步发展，市场交易规模达到 2010 亿元，领域融资额达到 1072 亿元；参与人数 4.8 亿人，其中提供服务人数达到 2115 万人，平台员工约 14 万人。面对蓬勃发展的共享经济，中国以积极鼓励的态度，推动了市场准入的开放和业务模式创新，中国也成为全球第一个承认网约车合法地位的国家。若没有萌芽初期包容保护的政策，恐怕共享交通出行会很难发展到今天的成绩。

而当共享经济度过萌芽期，开始加速发展之时，这时就需要制定一定的监管规范政策，保证其健康生长，以防偏离正确轨道。2016 年 7 月交通运输部等七部门出台的《网络预约出租汽车经营服务管理暂行办法》正式施行，为落实具体要求，各地主管部门因城施策制定了具体的实施细则。此外，在这一时期，也应当引导共享经济以惠民为宗旨，科技创新、模式创新，全方位地更好地服务于社会大众。当前，依托转型发展的强大需求、网民大国红利、节俭的文化以及成功的实践，中国共享经济领域的模式创新应用取得了巨大成就。网约车、在线短租模式创新引入国内后，在短时间内形成了较大的市场份额，产生了明显的示范带动效应，共享单车、共享充电宝等新模式不断涌现，表现出强大的渗透力。滴滴出行、ofo 小黄车、小猪短租、美团点评、运满满、名医主刀和好活等一批创新型企业迅速成长，成为创新驱动发展的典型代表。共享经济成为模式创新最活跃的领域。

当共享经济发展到更加成熟的阶段，就需要它更好更多地助力中国经济的发展，尤其是值此中国新旧动能转换之际，更需要共享经济大放异彩。2015 年 9 月 10 日，国务院总理李克强在出席夏季达沃斯论坛开幕式的致辞中表示："目前全球分享经济呈快速发展态势，是拉动经济增长的新路子。"2017 年 1 月国务院办公厅发布的《国务院办公厅关于创新管理优化服务培育壮大经济发展新动能加快新旧动能接续转换的意见》中提到，以分享经济为阶段性重点的新兴经济业态逐步成为新的增长引擎；支持发展分享经济，探索以开放共享为特征的产业发展新模式。共享经济本身就是新技术革命的产物，是一种新的经济形态、新的资源配置方式和新的发展理念，是经济发展新动能、新动力的代表，能够改造提升传统动能，通过促进产业转型升级、技术升级、消费升级以及扩展新的增长空间来释放经济发展新动能，进而促进新旧动能的转换。

第二章 共享经济理念的主体范围

2017 年 10 月，习近平总书记在党的十九大报告中指出“中国特色的社会主义进入了新时代”。新时代是中国发展新的历史方位，并赋予共享经济理念新的内涵和外延。新时代共享经济理念是基于以人民为中心的共享发展、发展成果由人民共享的共享发展、依靠人民共建的共享发展、构建人类命运共同体的共享发展等发展起来的、反映中国特色社会主义本质的发展理念。其作为新时代背景下指导中国共享经济发展的科学理论，蕴含着丰富的内涵，对中国共享经济的对象、范围、实现途径、发展过程做出了指导。共享经济的发展范围也蕴含着共享理念的主体范畴，二者相辅相成，实践由理念指导，理念又基于实践深化。在中国，共享经济的主体是包括全体人民在内的最广大人民群众；共享经济的范围涵盖社会生产总过程的方方面面；共享经济的实现需要人人参与共建共享；共享经济的发展过程不可急于求成，应顺势而为、审慎发展。

一、共享经济的参与对象：全民共享

“全民共享”作为新时代共享经济理念的有机组成部分，明确指出了共享经济的参与对象是包括全体人民在内的最广大人民群众，指导人人参与共享经济，促使人民共享经济社会发展成果，彰显了人民当家作主的主体地位，展示了爱民如子的道德情怀，体现了以民为本的价值取向。

（一）全民共享的内涵

“安得万里裘，盖裹周四垠；稳暖皆如我，天下无穷人。”全民共享顾名思义就是全体人民共同享有社会发展的成果，就是在做大“蛋糕”的同时保证把不断做大的“蛋糕”分好，充分发挥出社会主义制度的优越性，增强人民的获得感。①

1. 全民共享是包括全体人民在内的最广大人民群众的共享。习近平总书记提出“共享发展是人人享有、各得其所，不是少数人共享、一部分人共享”②，明确指出了共享发展的主体是全体人民，不是少部分人或一部分人。马克思说：“人的本质不是单个人所固有的抽象物，在其现实性上，它是一切社会关系的总和。”③“人民”作为共享的主体，不是某部分有特殊利益的人，而是全体人民。这里提到的全民性，最先表现在小康社会的全面建设中。我们要建成的小康社会是所有人民的小康，而不仅仅是针对一部分来说的，小康社会有没有建成，一个重要标准是全体人民共同迈入小康社会。习近平总书记还特别强调：“判断一个改革是不是成功了，就要看人民群众是不是都享受到了这个改革带来的成果。”④当代中国，人民作为共享发展的享受主体，就是“以工人、农民、知识分子等劳动者为主体，包括社会各阶层在内的最广大人民群众”⑤。可以看出，让最广大的人民群众成为共享的主体，既是我国经济社会发展的必然结果，也是历史赋予我党的任务，更是历史给予人民的巨大福利。

2. 全民共享是有差别的共享。全民共享收益不是说全体人民平均分

---

① 《十八大以来重要文献选编》（上），中央文献出版社 2014 年版，第 553 页。

② 中共中央宣传部：《习近平总书记系列重要讲话读本》，学习出版社、人民出版社 2016 年版，第 136 页。

③ 《马克思恩格斯文集》第 1 卷，人民出版社 1995 年版，第 60 页。

④ 中共中央文献研究室：《习近平关于社会主义社会建设论述摘编》，中央文献出版社 2017 年版，第 29 页。

⑤ 中共中央宣传部：《科学发展观学习读本》，学习出版社 2006 年版，第 38 页。

配收益，而是按照组织或者个人对经济社会发展所付出贡献的价值进行分配。我们现在还处于社会主义的初级阶段，如果实行没有差别的享有只会导致回到平均主义的老路上，实践证明平均分配主义是经不起时间和人民的检验的，对于在社会建设中贡献更多的人、承担责任更多的人是不公平的。所以，现阶段对收益的共享是一种按价值分配的共享，是一个根据贡献多少进行分配的差异共享。

3. 全民共享旨在缩小差距。作为社会主义国家，我们最终要实现的是全体人民的共同富裕，是要努力营造积极宽松的社会发展环境，努力解决发展过程中存在的有损公平正义的事情，保障全体人民的发展机会和共享权利。如果人与人享有的差距悬殊，既不符合社会主义原则，又不利于社会的健康发展。所以全民共享就要把贫富差距控制在合理的区间范围内。目前我国存在着收入差距、公共服务落实不均衡的问题，全民共享就是为了解决目前社会存在的矛盾，有效地减少社会上的不公平问题。

综上，共享的主体是包括全体人民在内的最广大人民群众，人民群众是一个整体，共享主体的全民性指导人人参与共享经济，促使全体人民共同享有社会经济发展的成果。

（二）全民共享指导人人参与共享经济

全民共享的全民性首先体现在共享经济参与主体的无界性和低门槛。共享经济本身具有形成全民参与的先天条件。共享经济又称平台经济，简而言之，就是通过网络将各方参与者连接到一起，进行资源的相互匹配，完成共享交易过程。共享平台组织框架的开放性使得共享经济的具体实践具有多变包容性。① 就共享经济供给方而言，只要组织或者个人拥有可以暂时让渡使用权的资源，这个组织或者个人就可以成为资源的供给方。就需求方而言，只要组织或者个人拥有使用某件物品或者获取某项服务的暂时需求，这个组织或者个人也就可以成为资源的需求方。全民共享秉持着

① 张玉明等：《共享经济学》，科学出版社 2017 年版，第 6 页。

人人自由而平等的理念，使得越来越多的人加入到共享经济中去，共享共享经济的发展成果，无论是供给方还是需求方，都为共享经济注入了新鲜的活力。

女性房东成为共享住宿主力军。共享住宿是中国共享经济领域起步比较早，且发展较快、较规范的行业。近年来，中国共享住宿在消化吸收国外经验的基础上，不断创新发展形成了适合中国实际情况的共享住宿发展模式，已成为共享经济市场中的领跑领域。据中国共享住宿发展报告显示，2017 年，我国共享住宿市场交易规模约 145 亿元，比上年增长 70.6%；参与者人数约 7800 万人，其中房客约 7600 万人；共享住宿平台的国内房源数量约 300 万套；融资额约 5.4 亿美元，比上年增长约 180%。随着共享经济的不断成熟、文旅消费的升级以及资本市场的热捧，共享住宿行业已经吸引了越来越多的试水者，生成了途家、小猪、Airbnb（爱彼迎）等一批引领行业发展的企业。

对于共享住宿的活跃主体，《中国共享住宿发展报告》（2018）显示主要是 80 后和 90 后等年轻用户，10—30 岁的房客占全部房客的比例超过 70%，而且女性房东占比超过 60%，成为房东的主力军。① 全民共享使得传统经济模式下很多被忽视主体的价值重新得到发掘，比如女性在以往的劳动结构中一直处于一个不被重视的地位，但是全民共享指导她们积极参与到共享经济中去。此外，共享住宿还带来了大量的灵活就业与创业机会。报告显示，2017 年主要共享住宿平台上房东、管家、摄影师等提供服务者人数约为 200 万人。“平均每增加 1 个房东，可带动 2 个兼职就业岗位。”国家信息中心副主任于凤霞指出，共享住宿也为城乡居民提供了大量的增收机会，这进而为更多的人加入到共享经济的大平台提供了契机。

2. 老年人在共享经济中显示出强大生命力。很多人认为年轻人对于

---

① 国家信息中心分享经济研究中心、中国互联网协会分享经济工作委员会：《中国共享住宿发展报告》，2018 年 5 月，第 36、42 页。

新鲜事物的接受能力较强，所以青年人往往被认为是共享经济活动的主力军，但是老年人也在共享经济的大潮中显示出强大的生命力。一方面，作为供给者，据报道，Uber 其中四分之一的司机是 50 岁以上的人。年纪越大代表着人生阅历越高，而且对于出租行业来说，乘车人相对更容易相信老年人；另一方面，作为需求者，老年人有着特殊的养老需求，中国庞大的养老群体下形成了“养老 + 共享”的模式，共享居家养老。这种共享式新型的居家养老服务模式，不但可以降低政府管理成本，进一步营造敬老、爱老、助老的社会氛围，同时又能为更多的人提供就业机会，还可以有效破解家政行业用工难现象。

（三）全民共享促使人民共享发展成果

习近平同志指出：“中国执政者的首要使命就是集中力量提高人民生活水平，逐步实现共同富裕。”[①] 牢记初心，不忘使命，习近平总书记紧紧围绕推进实现“两个一百年”的战略目标，努力实现人民共享发展，共同富裕。这一奋斗目标的实现必然要求发展成果由人民共享。

1. 真正的共享发展、社会公平是建立在生产力高度发展、社会充分富裕的基础之上的。社会公众中绝大多数人的受益程度首先取决于经济增长和经济发展程度[②]，要实现发展成果由人民共享首要任务就是实现社会的又好又快发展。共享经济是实现这一任务目标的有效途径。截至 2017 年年底，中国共享经济规模已经达到 49205 亿元，另据国家信息中心共享经济研究中心预测，中国共享经济在未来几年将依旧保持年均 30% 以上的高速增长[③]。在共享经济快速发展的同时，其发展质量也受到了世界各国的认可。而美国“福布斯新闻网”曾发表评论称，中国企业的“共享经

① 习近平：《愿同各国一道构建新型国际关系坚持中美新型大国关系正确方向》，《人民日报》2015 年 9 月 24 日。

② 俞宪忠：《现代化的动力是绝大多数人受益》，《文史哲》2000 年第 4 期。

③ 国家信息中心分享经济研究中心、中国互联网协会分享经济工作委员会：《中国共享住宿发展报告（2018）》，2018 年 2 月。

济模式”正引领全球新风尚，这是不可抵挡的趋势，美国企业甚至也争相模仿。

2.“发展成果由人民共享”是一个包含经济、政治、思想、文化等方面多义性的范畴。[①] 此处提到的发展成果既包括有形的客观物质，也包括无形的主观感受。[②] 当今时代，是一个互联网高度发达，人们对便捷生活、品质生活的追求呈几何级增长的时代，共享经济进入我们生活的方方面面，共享餐饮带来饕餮盛宴；共享短租让住宿体验多样化，共享文化让高贵近在咫尺，例如“我有饭”平台是一个专注饭局的共享平台，以其多元的共享餐饮模式带给食客们以丰富美食体验的同时以食会友，天南海北五湖四海的人们在这里分享美食，交流生活；国内在线短租房往往以小而美著称，为用户免费提供如导游、特色美食、当地个性游等多样化服务，以此满足房客入住、游玩、体验新奇等多重体验需求；全民共享不仅仅从客观世界的发展中切实获得满足，而且还带给人以尊严、价值、追求等那些看不见的主观感受，丰富人的主观世界。

二、共享经济的覆盖范围：全面共享

辩证主义认为，任何事物都是“质”和“量”的统一，两方面缺一不可，共享经济发展也是如此。“共享”规定了共享经济的性质，“全面”是界定了共享经济的范围，共享经济的全面性既体现在社会发展的多领域，也贯穿于社会生产的各个环节中。全面共享扩宽共享经济领域，促使“一切皆可共享”。

---

① 佘远富：《发展成果由人民共享：中国特色社会主义的核心命题》，《扬州大学学报》2009 年第 13 期。

② 蔡克文：《从毛泽东到习近平：共享发展理念的演进》，《改革与战略》2017 年第 3 期。

（一）全面共享的内涵

木桶定律告诉我们，一只木桶能盛多少水，并不取决于最长的那块木板，而是取决于最短的那块木板。这是任何一个组织所面临的问题，组织的整体水平是由构成组织的各个部分所共同决定的，而劣势部分往往会成为阻碍组织发展的短板。改革开放以来，中国经济飞速发展，但是处于社会主义初级阶段的基本国情没有变，经济社会发展还面临着一系列的问题。中国居民整体的收入水平还比较低，城乡居民收入差距较大，存在严重的贫富差距问题；区域之间经济发展不协调、不平衡；产业经济发展不均衡。贫困人口、贫困地区、不经济产业成为中国经济发展中的短板。共享经济作为我国补短板、促发展的具体实践，需要落实到中国经济、政治、文化、社会、生态等各方面，共享理念也要贯彻到经济发展的各个环节中。

从社会发展的领域来看，共享经济作为一种经济发展方式，人们往往从经济发展的角度去理解它。但是新时代共享经济理念帮助我们扩展了对于共享经济的认知。共享经济不仅仅拘泥于经济层面，它所涵盖的是包括政治、文化、社会、生态等各领域的内容，是全面的共享。全面共享即共享发展就要共享国家经济、政治、文化、社会、生态文明各方面建设成果。[①] 特别是伴随着改革开放的成果普惠全国，人们对发展提出了新的要求，在注重经济发展速度的同时更加看重经济发展的质量，实现政治、文化、社会、生态各领域的均衡发展。通过共享经济积极解决社会发展过程中出现的不平衡、不协调和不持续等问题。只有把这些问题妥善解决好，才能切实改善民生，提升人们的精神境界，推进人的自由全面发展，使人民的获得感、满意度和幸福指数不断提升，极大地解放和发展生产力并推进社会和谐发展。因此，共享经济的目标不仅仅是要促进经济的发展，而

① 中共中央宣传部：《习近平总书记系列重要讲话读本》，学习出版社、人民出版社 2016 年版，第 136 页。

是包括政治、生态、文化、社会等多领域在内的五位一体的全面发展。

从社会生产的各个环节来看，共享涉及生产、集聚、交换、使用和分配的社会生产总过程。传统政治经济学将社会生产总过程分为生产、分配、交换和消费四个不同过程，共享经济将其划分为生产、集聚、交换、使用和分配五个环节。这五个环节相互依存，缺一不可，而共享更是贯穿于社会资源生产、集聚、交换、使用及分配每一个具体环节的始终。共享经济的生产环节指的是利用生产工具，通过人的劳动将生产原料转换为有形的和无形的产品的过程，在这一过程中资源共享拓宽了资源总量的定义，形成了生产所需的海量资源，迅速形成了规模经济；集聚作为共享经济特有的环节，是基于共享平台，链接生产、交换的中间环节，其中少不了共享的渗透。交换和使用时紧密相连的两个环节，同时也是最需要共享的两个环节；分配作为共享经济社会生产总过程的最后一个环节，是人们共享社会经济发展成果的决定性阶段，对社会分配的公平起着至关重要的作用。

（二）全民共享拓宽共享经济领域

发轫于交通出行领域的共享经济，作为一种绿色可持续的经济发展方式，受到了政府的高度重视，发展态势良好并逐渐形成了独具中国特色的共享经济发展格局。除共享交通出行外，共享生活服务、共享空间住宿、共享文化艺术、共享知识教育、共享智力技能、共享人力资源、共享资金资本、共享技术与方案、共享生产制造、共享农业农庄也迎来蓬勃发展期。

共享交通出行领域是中国共享经济发展最有特色创新的、最为活跃的领域之一。根据艾媒咨询的调查，在 2017 年，38.3% 的受访网民使用过共享单车，36.4% 的受访网民使用过网约车，出行产品用户渗透率在各个共享领域中最高。[①] 其中，共享单车作为风靡世界的“新四大发明”里

---

① 艾媒咨询：《2017—2018 中国共享经济行业全景调查报告》，2018 年。

最年轻的中国名片，自诞生以来的快速增长展示出了其巨大的应用价值，也成为移动互联网时代中国式创新的代表。基于中国人口的规模优势，Airbnb 在线短租的模式也开始瞄准中国市场。此外，国内企业迅速把共享的理念延伸到空间领域内，出现了优客工场、小猪短租和途家网等公司。小猪短租 CEO 陈驰认为，中国是当前世界上最适合发展共享住宿的国家之一，2015—2017 年短短三年的时间增长了 12 倍。与我们息息相关的生活服务领域也出现了一大批共享模式创新型企业，集私厨共享和厨房产能共享于一身的“吃好点”；推进医疗资源共享，解决“看病难、看病贵”问题的“春雨医生”；解决广大消费者“最后一公里”需求的轻物流配送模式“达达”等无不渗透到人们的生活当中。

除了共享出行、共享空间、共享餐饮和共享医疗等服务业的变革，阿里淘工厂、沈阳机床厂等共享制造业也发展得如火如荼；拍拍贷、蚂蚁借呗等共享模式在金融领域也发展起来；此外，兴盛于美国的共享农场也开始在国内生根发芽，2014 年艾米在广州从化、清远、增城等地建立艾米共享农场，2016 年江西祥隆昌农业开发有限公司在江西鹰潭建立了种菜 bar 共享农场，在这之后海南省更是发布了共享农庄的支持政策。

从共享出行、共享房屋快速渗入到物流、教育、知识、医疗、餐饮等诸多领域，并积极从消费领域向制造业转型。今天，全世界有无数领域的创新和创业源自共享经济的核心思想，我们相信未来共享经济将会真正改变我们这个时代，带来更多的奇迹。

（三）全面共享促使“一切皆可共享”

共享经济的理念深入人心，共享经济模式下进行共享使用的是包括信息、知识技能以及生产能力等在内的所有资源，“所有资源”的概念突破了传统意义上共享经济是对闲置资源进行共享的认定，共享对象由单一的闲置资源的共享发展到包含闲置资源在内的对低效资源以及优质资源的共享。

1. 对低效资源的共享。通常我们所理解的低效资源是在企业运营中盈利能力差又缺乏战略安排、不能为企业创造价值的资产。但需要注意的是，具有低效性的资源是暂时处于低效状态的资源，这就导致低效资源是区别于闲置资源的一种形式。资源闲置状态下，资源是没有被利用的，而资源低效状态下，资源可以被占用，但这种占用没有发挥其最大的效用。低效状态的资源往往是因为依托低效平台或者根本没有平台才显得低效。当低效资源没有平台可以流动时，低效资源就变成了闲置资源。

对服务、知识技能以及生产能力的共享等都可以理解为对低效资源的共享。以“春雨医生”为例，知识技能作为一种无形资产，拥有特殊技能的医生只能为有限数量、有限地域的患者提供救治服务，其所提供的服务远远小于自身的价值。“春雨医生”平台的搭建拓宽了可服务对象的范围，提高了专业技能的利用率，使这部分资源创造出更大的价值。除了医疗服务的共享之外，通常所说的家政共享、快递共享都可以实现对专业服务技能的再利用，从而使低效利用的资源转为高效资源。

2. 对优质资源的共享。除闲置和低效资源之外，企业所拥有的优质资源也可以通过共享被更多的主体高效共享使用，从而产生更高的社会价值。以制造业为例，目前，制造行业通过共享经济平台实现产业链上的整合，在降低成本的同时实现了过程的优化和质量的提升。这些厂商所拥有的优质资源通过产业链中的生产整合发挥出更大的价值，实现了“1+1>2”的协同效应。

总体来说，共享经济可以实现对全资源、全要素的共享：“一元体育”在平台上共享篮球，“怪兽充电”共享充电宝，“共享 e 伞”在街头提供共享雨伞；“58 同城”“赶集网”为闲置的二手资源找到归宿；沈阳机床厂、阿里淘工厂将产能配置给需求方；一顿饭可以在“我有饭”的平台上共享；一节课可以在 VIPKID 平台上共享；可以在工作之余去艾米农场体验不一样的农村生活……在中国，在相当程度上实现了一切皆可共享。

此外，在商业领域，人力资源共享、产能共享、开放式创新等模式，都是共享经济在商业模式领域的开拓发展，群体合作、群体创新、共享互惠，这些共享理念逐渐深入人心，在资源利用的方方面面都起到了不可估量的作用。

三、共享经济的实现途径：共建共享

古人云："大鹏之动，非一羽之轻也；骐骥之速，非一足之力也。"共享经济需要全体社会成员共同建设，只有充分调动人民群众的积极性，发挥14亿人民的团结力量，形成人人参与、人人尽力的局面才能做大"蛋糕"，为共享经济发展提供充足的动力。共建共享指导人人建设共享经济，提高共享经济发展质量。

（一）共建共享的内涵

习近平总书记多次谈到"人民是历史的创造者，群众是真正的英雄""每个人的力量是有限的，但只要我们万众一心、众志成城，就没有克服不了的困难"①。"共建共享，即只有共建才能共享，共建的过程也是共享的过程。"人人共享的基础和前提是人人共建，人民群众中蕴含着无穷的力量和巨大的智慧。从共享经济的实现途径而言，共享经济需要共建共享。只有真正落实共建促进共享，才能够整合发展优势、巩固发展力量，促进共享经济的本质性发展。

共建共享符合共享经济的市场规律。全球化深入发展和互联网的日益普及，为人民群众共同建设提供了广阔的空间。一方面，共享经济的发展需要全体公众的参与。我国社会发展进入新阶段，经济发展进入新常态，群众是真正英雄的历史唯物主义观点不能丢。只有充分尊重人民的首创精神，激发广大人民群众的积极主动性，形成人人参与、人人尽力，人人都有成就感的生动局面，才能有效克服各种困难和挑战，推动共享经济

---

① 《习近平在十八届中央政治局常委同中外记者见面时的讲话》，《人民日报》2012年11月16日。

社会又好又快发展。这里的人人具有全面性，凡是存在着的生命个体都可以成为建设共享经济的一分子，包括以往处于弱势地位的家庭妇女。新时代下，妇女的地位也发生了翻天覆地的变化，从劳动结构的最底层到现在撑起半边天，共享经济将其解放出来。习近平总书记在全球妇女峰会上发表讲话“要积极贯彻男女平等基本国策，发挥妇女‘半边天’作用，支持妇女建功立业、实现人生理想和梦想。”[①] 另一方面，共享经济模式让每个人都有机会参与到共享经济中来。随着互联网技术的发展，从日常生活到金融理财、从休闲娱乐到工作学习，各式各样的终端应用全方位地覆盖了人们的生活，人们与共享经济的差距也许仅仅是一部手机。便携并且多样的移动终端降低了共享经济的参与门槛，每个共享经济的参与者借助各自的移动终端成为共享经济网络中的节点之一，从而形成人人参与、人人共享的共享局面。

（二）共建共享指导人人建设共享经济

人人共享的前提是人人共建，共享经济的发展需要人人参与式的共建共享。正如前文所提到的，无论是政府、企业组织还是普通个人，都可以通过征信平台审核通过之后成为共享经济的供给方或者需求方。每个组织或个人都拥有资源（有形的或者无形的），也都能成为资源的流通渠道。共享经济平台因为人人愿意共享才使得资源越来越丰富，共享经济因为人人愿意建设才变得更加富有活力。

人人共建共享产生规模效应。中国共享经济规模效应得以形成，其中最不可忽视的一股力量便是中国庞大的市场潜力与人口规模。中国是世界上人口最多的国家，拥有庞大的人口基数。2021 年人口数量为 14.12 亿。[②] 基于庞大人口基数前提下，某种事物一旦受到了人们的认可，就会

① 习近平：《促进妇女全面发展　共建共享美好世界——在全球妇女峰会上的讲话》，《人民日报》2015 年 9 月 28 日。

② 国家统计局：《第七次全国人口普查公报（第二号）》，见 http：//www.stats.gov.cn/tjsj/tjgb/rkpcgb/qgrkpcgb/2302106/t20210628_1818821.htm。

以指数爆炸的增长趋势迅速达到顶峰。习近平总书记指出，网络人口来自于老百姓，人口规模优势带来网民红利。截至 2021 年 6 月，我国网民规模为 10.11 亿，较 2020 年增长 2175%，互联网普及率达 76.6%，10 亿用户接入互联网，形成全球最为庞大、生机勃勃的数字社会。① 共享经济的运行主要基于共享经济平台这一网络化环境，它需要吸引大规模信息流量，促成交易的完成。这些流量正是依赖于网民红利这一独特国情，它为共享经济提供了广泛活跃的用户基础，保证生产消费能力在共享平台上得到充分释放，形成可持续的良性循环，这为全民参与共享经济建设提供了有利条件。在庞大的网民红利的前提下，加之共建共享理念的推动，共享经济的市场参与规模充分扩大。共享经济的主体参与方是共享经济动力源泉所在，只有存在足够的供给方和需求方才能使得供需双方的资源最大限度地实现有效匹配，参与主体越多，供需匹配的程度越高，共享经济的平台构建就越完善。共享经济突破了传统经济模式下对于供给方和需求方的界定，所有的组织或者个人都能灵活地参与到共享经济平台当中去，真正意义上地实现了大众参与的共建共享。据相关统计，2020 年我国参与共享经济活动的人数约为 8.3 亿人。参与提供服务者人数约为 8400 万人，同比增长约 7.7%；平台企业员工数约为 631 万人。② 可见，共建共享真正推动大众参与，形成了数量庞大的参与人群，为中国共享经济迅速实现规模经济、快速发展奠定了良好的基础。

（三）共建共享提高共享经济发展质量

中国从最初的跟随模仿、借鉴吸收、不断创新到成为全球共享经济中心和引领者，共享经济的“中国样本”得以跑赢世界与中国共建共享的理念有着密不可分的联系。在共建共享的指导下，规模庞大的大众个体不

---

① 中国互联网络信息中心（CNNIC）：《第 42 次中国互联网络发展状况统计报告》，见 http：//www.cac.gov.cn/2018-08/20/c_1123296882。

② 国家信息中心分享经济研究中心：《中国共享经济发展年度报告（2021)》，2021 年 2 月。

再拘泥于所有权的占有，开始将自己闲置物品的使用权分享出去以获取额外的收益，诸如闲置的汽车、房屋等实体资源；企业单位也意识到共同发展的重要性，将其掌握的先进的生产技能或者优势资源相互分享，实现企业间“1+1>2”的协同效应……这些都对推动共享经济的发展产生了不可忽视的作用：一方面，资源的海量丰富性是共享经济有效匹配供需的前提。伴随着大众参与程度的提升，共享经济充分盘活了社会上的闲置资源并使其造福大众；另一方面，大众参与增强了公众平台的信用水平。大众参与意味着大众监督、大众监管。人人都能成为共享经济的参与方，人人都有权成为共享经济的监管方，这种人人监管的模式有效提高了社会监督水平，降低了共享经济的监管成本，对于规范平台交易意义重大。

除了前面章节提到的共享经济规模、渗透领域、参与人数以及从过剩闲置到共享一切外等量的变化之外，共建共享同时推动共享经济产生质的飞跃。其中，中国共享经济独角兽企业的数量是共享经济发展质量提高的有力证明。独角兽企业，是2013年风险投资家AileenLee提出的概念，简单定义就是估值在10亿美元以上的初创企业。能在短时间内达到如此高的商业估值可以称得上是人类商业史上的奇迹了。根据2018年3月科技部火炬中心等发布的《2017年中国独角兽企业发展报告》显示：2017年中国独角兽企业共164家，总估值6284亿美元，其中50%左右具有共享经济属性。报告显示，蚂蚁金服以750亿美元估值第一，滴滴、小米分别以560亿美元、460亿美元估值列第二、第三。排名前十的其它公司分别是阿里云、美团点评、宁德时代、今日头条、菜鸟网络、陆金所、借贷宝，共享金融等共享经济独角兽企业占8家。排名在前十名之后、估值在50亿美元以上的独角兽企业，还包括微众银行、平安医保科技、口碑、金融壹账通、京东金融、饿了么、平安好医生、威马汽车、联影医疗、蔚来汽车，有近半具有共享经济属性。除此之外美国彭博社、英国《金融时报》、日本《日本经济新闻》、德国“德国之声”、西班牙《发展报》等媒体都对中国共享经济发展给予了高度关注和赞誉，国外企业纷纷借鉴共享经济中国模式。

四、共享经济的发展过程：渐进共享

2018年12月18日，习近平总书记在庆祝改革开放40周年大会上说，必须坚持辩证唯物主义和历史唯物主义世界观和方法论，正确处理改革发展稳定关系。改革开放40年的实践启示我们：中国是一个大国，决不能在根本性问题上出现颠覆性错误。我们坚持加强党的领导和尊重人民首创精神相结合，坚持"摸着石头过河"和顶层设计相结合，坚持问题导向和目标导向相统一，坚持试点先行和全面推进相促进，既鼓励大胆试、大胆闯，又坚持实事求是、善作善成，确保了改革开放行稳致远。

（一）渐进共享的内涵

"渐进共享，即共享发展必将有一个从低级到高级、从不均衡到均衡的过程，即使达到很高的水平也会有差别。"[①] 改革产生于问题又在解决问题的过程中不断深化，改革是个渐进的过程，不能一蹴而就。发展思想的落实要与具体的历史背景相吻合，共享发展在落实的过程中也应做到"既尽力而为，又量力而行"[②]。既要大胆探索、勇于开拓，也要稳妥审慎、三思而后行。

一方面，共享经济发展需要切实做到不停顿、不止步。目前，中国共享经济发展已经取得了显著性的进展，并且已经全面渗透各行各业和人们的生活与工作之中。前面提到过中国的共享经济规模逐渐扩大，水平逐步提升，这也是渐进共享的内容之一。中国共享经济目前面临着转型期，对于共享经济的发展必须尽力而为，只有汇聚起全体人民的磅礴力量，共享经济才能在诸多质疑声中继续发展下去。

---

① 中共中央宣传部：《习近平总书记系列重要讲话读本》，学习出版社、人民出版社2016年版，第45页。

② 李维：《习近平重要论述学习笔记》，人民出版社2014年版，第250页。

另一方面，共享经济要善作善成、循序渐进。实现共享经济的发展更需要量力而行的实事求是态度。如前所述，中国共享经济发展取得了不错的成绩，但是目前仍然存在着用户权益难以保护、行业界定不明确导致监管出现相互矛盾的情况、过度竞争形成资源浪费以致违背了共享经济初衷等问题，这些问题处理不好将会严重影响到共享经济的健康持续发展。目前中国共享经济正处于由起步期向成长期加速转型的阶段，一是共享模式不成熟；二是发展领域渗透不足；三是市场格局尚未定型；四是可选择政策不统一。① 要解决上述问题，前提是要有与之相适应的生产力水平和物质基础，不能盲目发展。上述问题是无法在短时间内解决好的，需要一步一个脚印，走实事求是的发展之路。

（二）渐进共享拓展共享经济创新空间

渐进共享，就是对待事物发展的过程不激进，不严苛，持有一个包容的态度，容许问题的发生，这就是我们所说的包容。共享经济的发展需要包容的思想和行为。在中国现行的经济体制下，政策对于行业的发展起着决定性的作用，政策不当往往会使一类产业陷入低迷甚至走向灭亡，但是合适的政策则会使一类产业蓬勃发展。在共享经济发展之初，我国针对共享经济采取了“边发展，边治理”的包容性政策。许多学者和实业家对这一政策的合理性进行了质疑。不可否认，边发展边治理会导致一些问题的产生，但是从以往的社会实践和中国在共享经济领域所创造的世界奇迹来看，这一政策无疑是共享经济发展初期的最佳选择。在共享单车领域，摩拜单车和 ofo 在短短两年的时间内，分别融资数十亿美元，全国投放单车数量均超过 2000 万辆。② 正是有了包容性的政策，国内外的资本才会不断地流入中国共享经济行业之中，各类型共享经济才会在近几年交出一份漂亮的成绩单。

---

① 张新红：《共享经济正处在加速转型期》，《北京日报》2018 年 11 月 26 日。

② 国家信息中心分享经济研究中心、中国互联网协会分享经济工作委员会：《中国共享经济发展年度报告（2018）》，2018 年 2 月。

正如习近平总书记在参加全国政协十二届一次会议科协、科技界委员联组讨论时的讲话时所强调的，创新需要包容。“因为包容，所以创新”，渐进共享的包容性政策为共享经济在正常发展的同时拓宽了空间，促进了共享经济的业态创新和产品创新。在业态创新层面，包容性的政策也为共享经济在各领域的渗透起到了推动作用。例如滴滴打车在成立之初，其经营业务主要是出租车资源的线上高效匹配，正是相关部门和市场的包容使得滴滴打车“专车”“快车”“顺风车”等业务上线，将社会中的闲置车辆资源加入到共享当中，成为业态创新的典范。纵观整个共享经济领域，业态创新层出不穷，可见，渐进共享促进了共享经济的业态创新。在产品创新层面，渐进共享使得共享经济企业的产品逐步更新迭代更加适应消费者需求。以摩拜单车为例，从最初的小橙车到结合太阳能发电的mobike lite，再到“气动升降”的风轻扬系列，正是渐进共享的包容性使得产品得以存活，通过产品的升级来逐步满足消费者的需求，而不是一竿子打死。若没有包容性政策的支持，此类产品很可能会因企业性质、制造资质等问题流产。因此，可以从这些共享经济的发展经验中看到包容性的政策对于共享经济企业产品的推动作用。

由此可见，共享经济的创新发展少不了渐进共享理念的支撑。共享经济本身就是一种创新，是对传统经济模式的颠覆和变革，相信未来也能带给我们更多的创新性成果，为中国乃至世界提供更为丰富和便捷的共享经济资源。

（三）渐进共享促进经济稳步发展改革

量变是质变的重要准备，质变是量变的必然结果。文中已多次提到中国目前的经济形势，虽然已经取得了很大的成果，但是发展中国家的地位还是没有变化，机遇与挑战并存，渐进性的发展是平衡眼前利益与长远利益，推进共享经济稳步发展的重要举措。这正如习近平总书记所指出的：“一口吃不成胖子，共享发展必将有一个从低级到高级、从不均衡到均衡的过程，即使达到很高的水平也会有差别。我们要立足国情、立足经济社会发展水平来思考设计共享政策，既不裹足不前、铢施两较、该花的钱也不花，也不好高骛远、寅吃卯粮、口惠而实不至。”① 渐进共享要求一步一个脚印，在包容的同时也要纠正问题的发生，形成完善的容错纠错机制，促进经济稳步改革发展。

正如上文所说，包容性的政策引发了一系列的社会问题，共享经济中冲突最严重、质疑声最强烈的问题无疑是经营违法问题，其根源是共享经济类企业定性不清。因为在早期，共享经济实践远远领先于政策制定，这在一定程度上使得共享经济处于无法可依的局面。再者就是部分共享经济参与者道德缺失的问题。最早出现的道德缺失问题就是网约车行业的“刷单”现象，部分司机为套取高额的补贴费用，进行虚假营运，从而违背了共享经济和网络约车的最初目的。这些问题无疑对社会和共享经济本身产生了一定的负面作用。但是这些问题都不是共享经济自身的漏洞，而是人的自利本性所导致的，这在所有经济模式下都是会产生的，我们不能将其归咎于共享经济自身。

目前，新时代共享经济逐渐走向成熟，也形成了相应的纠错机制。例如，2018 年 11 月 15 日，共享住宿领域迎来首个行业自律标准《共享住宿服务规范》，针对目前行业发展过程中存在的热点问题，如城市民宿社区关系、入住身份核实登记、房源信息审核机制、卫生服务标准、用户信息保护体系、黑名单共享机制、智能安全设备的使用等，《规范》提出了具体的要求，联合占据 90% 市场份额的小猪、Airbnb、途家、棒果等四家头部企业承诺签字。此前，多个省份也分别发布了《共享单车使用规范》，标志着我国共享经济已然进入规范发展的阶段。②

“共享、共治、共赢，是行业的必经之路，也是必由之路。”Airbnb 爱彼迎中国区副总裁安丽表示，行业的健康发展离不开企业持续创新，也

① 《习近平在省部级主要领导干部学习贯彻党的十八届五中全会精神专题研讨班上的讲话》，《人民日报》2016 年 1 月 18 日。

② 国家信息中心、分享经济研究中心：《共享住宿服务规范》，2018 年 11 月 20 日，见 http：//www.sic.gov.cn/News/79/9670.htm。

需要政府的审慎包容和社会公众更多的支持和了解。更为重要的是，推进行业自身对行业治理的创新探索，将为政府决策和监管提供有效的互动，积累有益的经验。

第三章　共享经济理念的体系

理念是指富有理性的具有体系的观念，如科学理念、艺术理念、政治理念等。党的十九大后形成的新时代共享理念实质就是坚持以人民为中心的发展思想，体现的是逐步实现共同富裕的要求。共享理念体系是新时代共享经济理念的体系支持，是支撑形成新时代共享经济理念的框架，这一体系是基于中国经济改革发展的实践，尤其是共享经济的发展而逐步形成并发展的，是孕育和催生新时代共享经济理念的模式体系。新时代共享经济理念的根本立场是以人民为中心，促进共享经济发展的实现路径是服务于大众实现消费升级、发展互联网＋平台经济两条内在路径，制度供给是积极打造“鼓励创新、包容审慎”的制度保障，最终的发展目标是实现共建共治共享共赢的发展格局。

一、新时代共享经济理念内涵

新时代共享经济理念是在中国经济体制改革发展的实践、中国共享经济的不断创新发展和中国特色社会主义思想指导下逐步孕育产生的，并将随着中国共享经济的发展而不断发展和完善。

（一）新时代共享经济理念

共享经济（sharing economy）是指资源供给者通过平台与资源使用者进行资源共享的经济模式。新时代共享经济理念的核心内容包括以“共享”为核心的五大新发展理念、打造共建共治共享的治理格局、以共享实现人民美好生活向往、构建人类命运共同体思想四大部分。可以说，新时代共享经济理念是人人参与、共建共享、人民有获得感和“一带一路”、构建人类命运共同体等的重要理论支撑；同时，在新时代共享经济理念的指导下，逐渐形成了供给侧结构性改革、推动社会可持续发展、创新驱动战略、拉动内需、满足人民美好生活需要等一系列与共享经济相契合的深化改革战略举措，这些共享经济战略是促进中国经济持续增长、高质量发展、实现人民美好生活、解决发展不均衡不充分问题的重大方略。

在上述基础上，在此首先系统梳理新时代共享经济理念形成的体系构建，这是新时代共享经济理念的形成支柱。整体来说，新时代共享经济理念是在一定的历史条件下，在中国特色社会主义理论基础上，通过中国改革实践和共享经济发展的实践，不断探索、不断创新、逐步完善而发展形成的。基于此，新时代共享经济理念的理论内涵，是在坚持以人民为中心的发展立场上，通过服务于大众实现消费升级、发展互联网＋平台经济两条内在路径，积极创造“鼓励创新、包容审慎”的制度供给，促进共享经济等新业态的发展，最终实现共建共治共享共赢的发展格局。

共享发展是党的十八届五中全会《建议》提出的五大核心发展理念之一。让人民群众充分共享改革发展成果是社会主义的本质要求，是社会主义制度优越性的集中体现，也是我们党坚持全心全意为人民服务根本宗旨的必然选择。

（二）理念引领共享经济快速发展

理念是行动的指南，在新时代共享经济理念及其理念体系的指引下，中国共享经济实现了持续快速发展和市场结构的进一步优化（如表 3–1、

图 3–1 所示)，为中国国家创新驱动战略、新旧动能转换、经济持续健康高质量发展以及较短时间内战胜全球新冠肺炎疫情冲击、成为全球主要经济体中唯一实现正增长的国家和地区发挥了重大的支撑作用。

表 3–1　2017—2020 年中国共享经济发展情况

领域	共享经济市场交易额（亿元）				
	2017 年	2018 年	2019 年	2020 年	2020 年同比增速
交通出行	2010	2478	2700	2276	−15.7%
共享住宿	120	165	225	158	−29.8%
知识技能	1382	2353	3063	4010	30.9%
生活服务	12924	15894	17300	16175	−6.5%
共享医疗	56	88	108	138	27.8%
共享办公	110	206	227	168	−26.0%
生产能力	4170	8236	9205	10848	17.8%
总计	20772	29420	32828	33773	2.9%

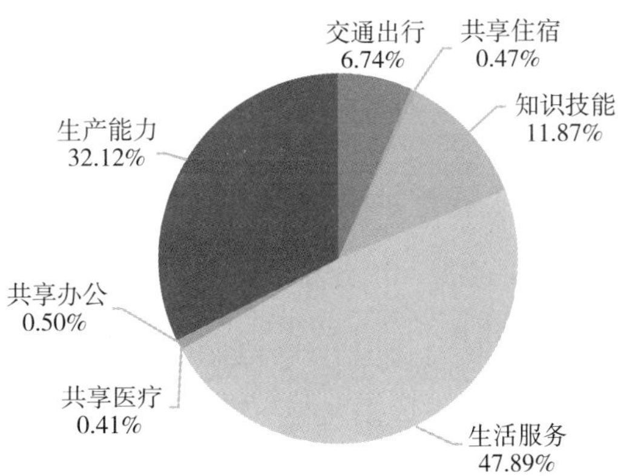

图 3–1　2020 年中国共享经济市场结构

二、新时代共享经济理念体系构建

新时代共享经济理念是新时代中国特色社会主义思想与共享经济的发展联系最为紧密的思想和理论的基础。其之所以能够成为促进新时代共享经济发展的思想核心，与新时代共享经济理念的体系构建密不可分。新时代共享经济理念的形成过程和共享经济的发展，都始终坚持以人民为中心的发展立场，通过服务于大众实现消费升级以及发展互联网 + 平台经济这两条路径直接推动共享经济的发展。此外，在制度层面，中国坚持鼓励创新，包容审慎的制度供给，致力于最终形成共建共治共享共赢的发展格局，在这一系列理论体系构建原则的支持下，最终形成了新时代共享经济理念的核心内容。新时代共享经济理念体系的核心内容主要包括如下几方面。

（一）以人民为中心的发展立场

以人民为中心是新时代坚持和发展中国特色社会主义的根本立场，带领人民创造美好生活、实现共同富裕，是中国共产党矢志不渝的奋斗目标。习近平总书记强调：“我们追求的发展是造福人民的发展，我们追求的富裕是全体人民共同富裕。”① 因此，基于以人民为中心的发展立场，中国的社会主义建设推进的每一项改革，都要倾听人民呼声，汲取人民智慧，中国要飞得高、跑得快，就得依靠 14 亿人民的力量。

在中国社会主义建设过程中，尤其强调尊重人民群众的首创精神，最大限度地激发人们的创造热情。建设中国特色社会主义的伟大实践，从根本上说是广大人民群众自己的实践，群众在实践中创造的经验，反映了

① 《中共中央召开党外人士座谈会　习近平主持并发表重要讲话》，《人民日报》2015 年 10 月 31 日。

事物发展的客观规律，代表了社会进步的方向。正如习近平总书记所指出的，改革开放在认识和实践上的每一次突破和发展，改革开放中每一个新生事物的产生和发展，改革开放每一个方面经验的创造和积累，无不来自亿万人民的实践和智慧。面对新时代的新形势、新任务，必须把人民群众的实践创造作为源头活水，及时发现、总结、概括人民群众创造出来的新鲜经验，动员、指导人民开展新的实践，推动党和国家的事业不断向前发展。

而近年来，共享经济之所以能够取得较快的发展，是因为人民群众的积极参与，在共享经济的发展过程中，快速形成了巨大的规模经济。应该说是人民群体支持了共享经济的发展，是人民的智慧孕育诞生了共享经济这一新经济业态，一方面共享经济依赖人民群众得到了迅速的发展；另一方面，共享经济也为人民群众带来了精神和物质层面等各方面的诸多利益。

1. 共享经济的诞生依赖人人参与的人群基数。共享经济模式下，互联网的迅速普及增加了人们之间获取信息的途径，相应的，信任源于信息的获取，也就提高了人们之间相互信任的程度。人们之间的交易不再局限于熟人圈，而是更多地转向人人参与的趋势。原本小区域的交易市场就可以在无形之中扩展延伸至网络可触及的地方，人们通过网络大量涌入一个个交易市场，一同发布各式资源，一同寻找所需资源。随着移动互联通信技术的发展，人人参与的扩大态势强劲，人们将交易信息装进口袋中的手机 APP，人人有手机，人人可交易。人人参与理论扩大了交易的主体、空间的范围，推进供给方和需求方在共享经济平台上逐步实现多对多的交易，并拓展了交易手段的现代化、多样化，拓展了可交易资源数量并降低了交易成本，丰富了绿色发展资源，使得共享经济成为新时代下健康绿色、富有生机与活力的发展方式。

2. 共享经济充分调动了人民参与市场活动的热情、积极性和主人翁意识，有利于增强人民的获得感和幸福感，更好地发挥人民首创精神。共享经济平台平等的准入机制与丰富的就业形式提高了市场主体的主人翁意识和参与意识。共享经济以较低的准入门槛实现了大众参与。有时平台参与方既是供给方又是需求方，公众能够通过共享平台发布任务或领取任务，获得资源或分享资源，没有固定的生产者，也没有固定的消费者，只要有需求和供给，所有的人都能进行交易，即在生产者和消费者的分类中还出现了一个新型的社会参与主体——产消者。产消者角色的出现推动了分布式的横向扩展对等生产，公众的才能和需求能够得到更完美的释放，社会资本的流通和使用将在更宽广、更活跃的平台上创造无限的价值。并且创造了庞大的灵活就业机会，人们可以依照自己的兴趣、技能、时间及其他资源，参与分享活动，以自雇型劳动者身份灵活就业，在这种情况下，由于个体担任的角色的多样化和丰富性，每个人在社会中承担的责任更多，了解到的角色体验也更多，对一些社会治理问题的解决能够以更加积极的态度参与，原本社会中个体往往只承担单一的角色，比如纯粹的消费者等，而在共享经济模式下，个体往往都可以借助于共享经济平台担任生产者等生产角色，由此带来了对商家销售行为等的认识和体会，因此对个体来说，社会信用信息构建、产权保护和消费者权益保护都具有很重要的意义，这种主人翁意识的培养对构建和谐社会、共享环境来说是至关重要的。

（二）服务于大众实现消费升级

2018年9月20日，《中共中央国务院关于完善促进消费体制机制进一步激发居民消费潜力的若干意见》公布，为促进消费体制升级绘制了“蓝图”。针对当时的经济形势，习近平总书记敏锐地捕捉到了拉动内需增长对促进经济发展和增强人民幸福感的关键作用，他强调：“保持定力，增强信心，集中精力办好自己的事情，是我们应对各种风险挑战的关键。当前，我国经济运行总体平稳、稳中有进，主要指标保持在合理区间。同时，我国经济发展的不确定性明显上升，下行压力有所加大，企业经营困难增多。这些都是前进中必然遇到的问题。我们要看到有利条件，增强对我国经济发展的必胜信心。我国拥有巨大的发展韧性、潜力和回旋余地，我国有 13 亿多人口的内需市场，正处于新型工业化、信息化、城镇化、农业现代化同步发展阶段，中等收入群体扩大孕育着大量消费升级需求，城乡区域发展不平衡蕴藏着可观发展空间。”①

中国作为社会主义国家，习近平总书记强调经济发展要实现共享发展，这是从为人民服务角度出发的发展理念。当前，中国经济发展面临着更加复杂的国内外环境和新冠肺炎的冲击，存在投资和出口动力不足的问题，这种情况下拉动内需显得尤为重要。如果国家生产结构中，奢侈品生产部门和出口生产部门是主导性的经济部门（其中奢侈品生产部门为国内高消费能力人群服务，出口生产部门为国外服务），而不重视群众消费部门和设备生产部门的话，那么这样的经济结构既不能满足国内多数劳动者的需求，又不能实现本国工业体系的完善和科技水平的真正提高，中国需要的是以普通大众为主要服务对象的国内市场能够优先发展，并以群众消费部门的繁荣为基础来促进设备生产部门的发展。

《中共中央　国务院关于完善促进消费体制机制进一步激发居民消费潜力的若干意见》指出，要“加快建立健全高层次、广覆盖、强约束的质量标准和消费后评价体系，强化消费领域企业和个人信用体系建设，提高消费者主体意识和维权能力，创建安全放心的消费环境”。“完善有利于提高居民消费能力的收入分配制度。构建公平开放的市场环境。加大生活性服务领域有效有序开放力度，逐步放宽放开对外资的限制。”

针对共享经济在拉动内需方面的重大作用，《意见》专门指出，“地方各级政府要适应平台型消费、共享经济等快速发展需要，加强制度供给，研究制定专门管理规定，明确运营规则和权责边界，提升相关主体整合资源、对接供需、协同创新功能。制定完善适应平台模式、共享经济等创新发展的法律法规，明确相关企业在知识产权保护、质量管理、信息内容管理、协助申报纳税、社会保障、网络安全等方面的责任和义务。加强风险控制，构建政府主管部门、行业组织、企业和消费者等多元主体共同治理

① 习近平：《在企业家座谈会上的讲话》，《人民日报》2020 年 7 月 21 日。

的消费生态体系。积极培育网络消费、定制消费、体验消费、智能消费、时尚消费等消费新热点，鼓励与消费者体验、个性化设计、柔性制造等相关的产业加快发展。”①

基于此，在习近平同志服务大众实现消费升级理念的指引下，中国经济的发展注重为广大消费群体服务。与此相对应，共享经济起初便定位于服务广大消费群众，而不是部分精英阶层。一方面，共享经济以扩大顾客基数为导向，因此其产品目标客户群体是普通消费者，而非精英阶层，较低的使用成本为所有群众都带来了便利，共享单车的普及即是一个典型现象。另一方面，共享经济的低门槛性为社会众多主体都提供了参与经济活动的手段和途径，中介食利阶层的剔除降低了整个交易过程的成本，为参与共享经济平台的个体提供了较低的交易成本。此外，相对简化的审批流程也降低了共享经济的参与门槛，虽然信用机制以及准入机制的不完善带来了一系列问题，但这是新经济模式涌现阶段不可避免的阵痛，应当通过社会监管体制的逐渐完善来同时实现低准入和严审核，既为群众提供更多的经济来源渠道，同时也切实保护消费者的合法利益。应该说，共享经济在现阶段是能够拉动居民消费需求、提升经济活力的有效方式，针对共享经济不断完善的监管制度能够为其发展带来更多的健康保障。

（三）发展互联网＋平台经济的技术路径

共享经济的发展离不开移动互联网技术的支持，而中国实施的互联网＋战略、创新驱动战略极大地促进了平台经济的发展，是共享经济能够得以迅速发展的有力技术支持。2016 年习近平总书记在网络安全和信息化工作座谈会上的讲话强调，“要以信息化推进国家治理体系和治理能力现代化，统筹发展电子政务，构建一体化在线服务平台，分级分类推进新型智慧城市建设，打通信息壁垒，构建全国信息资源共享体系，更好

---

① 《中共中央　国务院关于完善促进消费体制机制　进一步激发居民消费潜力的若干意见》，2018 年 9 月 21 日。

用信息化手段感知社会态势、畅通沟通渠道、辅助科学决策。”① 国家发改委、中央网信办、工信部等八部门印发的《关于促进分享经济发展的指导性意见》提出，要坚持包容审慎的监管原则，探索建立政府、平台企业、行业协会以及资源提供者和消费者共同参与的分享经济多方协同治理机制。习近平同志曾明确指出，中国将发展分享经济，支持基于互联网的各类创新，提高发展质量和效益。

因此，新时代共享经济理念孕育在其发展互联网＋平台经济、实施创新驱动战略等举措中，平台经济和互联网＋发展思想，是支撑共享经济发展，同时也是孕育共享理念的重要着力点和实现路径，由此，平台性成为共享经济最典型的特征。

1. 移动互联网技术是共享经济发展的技术基础。以滴滴顺风车为例，如果没有移动互联的迅速普及，顺风车车主难以得知同行的需要车辆的顾客，顾客也无从知晓顺路的私家车的出行轨迹，一系列顺风车的普及依赖于移动互联网技术、GPS 定位系统、语音聊天功能与相关配套地图协调配合。可以说，互联网的发展使得实体商业店铺不再是进行交易所必需的条件，而是建立了一个共享平台，将交易的双方链接到一起，每个人既可以是产品或资源的供给方，也可以是需求方。同时，现代信息社会，人们常用的通信技术涵盖了手机电话、电脑、电子邮件、在线视频、语音和文字等，人们通过一台电脑、一部手机就可以达到即时通讯的交流状态。现代互联网技术既在网络上构建了开放透明的信息网络，同时也为线下的经济活动提供了技术支持，逐步构建了线下资源聚集、链接的物联网系统，使得资源能够更加开放透明地服务于社会大众。

2. 共享经济通常是开放式平台。共享经济平台上的资源信息是充分开放、透明、海量的。共享经济依托于互联网平台，其开放性、互动性使得资源信息得以在网站上充分、及时更新。共享经济开放的平台搭建充分调动了社会闲置资源，在积聚了海量的资源之后，只有进一步将资源开

---

① 习近平：《在网络安全和信息化工作座谈会上的讲话》，《人民日报》2016 年 4 月 19 日。

放，实现开放、分享、共赢，才能提高资源利用效率，真正实现绿色、可持续发展。而开放性又进一步促进了共享经济平台拥有海量资源，现代交易的主体分享经济搭建了一个“多边平台”，平台上的群体包括供给方、需求方和监管机构、信用评级机构等其他第三方，他们之间可以直接互动，沟通成本很低，节约了时间和资金。作为一个开放的平台，随着分享经济影响力的增加，入驻平台的主体数量会越来越多，市场交易的模式从“一对多”变为了“多对多”模式，在这种模式下，共享经济平台会产生网络效应，即产品和服务的价值随着用户的增加而增加。交易空间中主体密度越多，相互之间碰撞产生交易机会的概率就越高，以前一些没有交易渠道而无法参与交易的资源可以进入流通领域，提高自己的使用率，对整个经济社会而言，就可以提升总体的资源配置效率。

（四）“鼓励创新、包容审慎”的制度供给

在当下我国经济由快速增长转向高质量增长的过程中，社会创新创业活动涌现，传统行业致力于结构转型和产品研发，新产业、新业态也得到了社会和政府的包容性鼓励发展。实际上，新时代共享经济理念的制度供给核心即是体现在对共享经济新业态的鼓励创新、包容审慎的指导原则上。

共享经济作为一种经济模式的创新，其健康可持续发展不仅在于完善自身的运行机制，同时也需要政府政策支持与相应的制度供给。自2003年到2019年年初，习近平总书记在谈话、讲话、会议、函电等957次提到“共享”，22次提到“分享经济”或“共享经济”。2017年6月21日，国务院常务会议部署了促进分享经济发展事宜，李克强总理要求对共享经济的发展要按照“鼓励创新、包容审慎”的原则，审慎出台新的准入和监管政策。2017年7月3日，国家发展改革委等八部门出台《关于促进分享经济发展的指导性意见》之后，福建、江苏、河南、浙江等省份相继出台指导共享经济发展的意见和规划，积极拥抱新业态。共享经济的制度供给理论来源于中国长期经济发展的历史实践：经济领域内的问题不

能够仅仅依靠市场的力量自发地进行调节，同时也应当加强政府的宏观调控，通过法律手段解决共享经济中各方的矛盾，通过合理的制度保障共享经济的健康发展。因此，在我国“鼓励创新、包容审慎”的制度供给指引下，共享经济以自身的新业态推动了行业产业的创新发展，同时也推动了社会大数据信用体制的构建和完善。

1. 共享经济这种新的商业理念不断激发创新创业者的积极性和创造力，培育鼓励创新、敢于冒险和协同合作的文化氛围。传统经济下创新创业受资源约束的根本原因是资源私人占有，拥有的资源成为所有者的关键竞争力，共享经济强调资源的使用权，使资源由私人占有转变为使用权分享，在人人愿意分享的情况下大众参与创新创业变为可能，大众参与的理念增加了创新创业的活跃度，共同协作提高了创新创业的效率。在共享经济模式下，创新创业的门槛是特别低的，因此诸多原本被认为不是典型的创新主体的客体都可以加入共享经济平台，促进创新问题的解决，恰恰是这种非典型创新者往往更能够突破传统思维，带来新的创意点，整体增强创新创业活动的效率，迸发出更加出人意料的优异成果。应该说，共享经济的兴起，为创业提供了新的思维，创新出多种新的商业模式和生活方式，不断降低原始投资成本。同时，共享经济也将释放公众创新思维和能力，带动创新发展。

2. 共享经济的发展及其带来的信用问题，促使全社会范围内建立开放公开的信用评价机制。共享经济得以健康发展的有效保障机制是公平、公正、开放的社会信用评价机制，无论打车平台，还是租房平台，对其名下的经济产业的信息反馈大都来源于消费者的评价。评价反馈机制是共享经济模式下需求方对供给方的有力约束，也为其它需求方参与共享经济平台提供了借鉴。但是目前中国的社会信用机制并不完善，共享平台中存在的恶意差评、顺风车事件等问题无不反映出信用机制的不完善，这会极大影响交易的安全。因此，开放和监管是同一个问题的两个方面，只有有监管的开放才是能够真正使社会群众获益的开放形式，可以说共享经济的诞生，促进了社会信用机制的完善和构建，倒逼个体加入社会信用网络并实现信用数据公开。随着共享经济平台监管措施的日益完善，开放、公正、透明的分享经济会使所有平台参与方获益，在有效的信用机制和监管措施的指引下，中国的共享经济平台会聚合更海量、开放的资源促进资源公用和优化配置。

（五）共建共治共享共赢的发展格局

新时代共享经济理念对内体现为共建共治共享的社会治理格局，党的十九大报告对新时代社会治理做了富有深刻内涵的表述，明确提出了要“打造共建共治共享的社会治理格局”；对外则体现为全球各国合作共赢的理念，共建共治共享共赢的发展方式和格局是推动共享经济全面健康发展的最终追求。

1. 共建。从社会发展与社会组织的角度来看，共同参与社会建设强调社会组织在新时代的社会意义，除政府机关之外，各级社会组织都是国家治理现代化中的重要角色，是市场经济进一步发展的增长点，是社会管理和公共服务的合作者，是社会和谐与秩序稳定的影响者，是社会公益慈善文化的引领者。共同参与社会建设这一理念强调促进社会组织健康发展，激发社会力量参与社会建设的能力和活力。① 社会建设强调强有力的政策安排，既能够保证有统一的宏观调控，同时又可以活跃社会力量，调动市场经济的活力，这就对社会政治制度、经济政策、社会组织模式提出了新的要求。在教育、医疗卫生、就业以及社会服务等领域，都可以既坚持政府主导，同时又推进政社合作，为市场主体和各种社会力量发挥作用创造更多机会。在社会治理中强调共建，尤其要促进社会组织健康发展，激发社会力量参与社会建设的活力。比如，完善政府购买公共服务机制，支持社会组织在提供公共服务中有更多作为。

2. 共治。不断提高社会治理社会化、法治化、智能化、专业化水平，

---

① 马庆钰、单苗苗：《准确理解共建共治共享的内涵》，2017 年 11 月 8 日，见 http：//politics.people.com.cn/n1/2016/0426/c1024-28303544.html。

激发全社会活力，坚持群众观点和群众路线，充分发挥法治对社会治理的引领、规范和保障作用，加强社会治理基础制度建设，统一社会信用代码制度和相关实名登记制度，完善社会信用体系，更多运用互联网、大数据等信息技术手段，持续推进社会治理的科学化、精细化，提高社会治理智能化水平。[①]治理这一个词，比“管理”的进步所在是，这个概念更全面具有利益相关者对公共事务的参与、互动、协商的民主元素。在社会治理过程中，尽管政府是主导力量，但是社会组织和群众也是重要的组成部分，社会组织参与社会治理，有利于突破科层制行政思维与竞争性逐利心理，提倡各方自愿平等参与，达成协同共识，促进集体行动，优化绩效评估，共担合作责任。

3. 共享。改革开放以来，中国经济发展突飞猛进，然而发展成果却没有很好地惠及每个家庭每个人，当下社会发展的矛盾转变，发展不平衡不充分的问题尤其引人注目，城乡之间、地域之间、群体之间存在一定差距。习近平总书记强调，我们追求的发展是造福人民的发展，我们追求的富裕是全体人民共同富裕。改革发展搞得成功不成功，最终的判断标准是人民是不是共同享受到了改革发展成果。习近平的“共享发展”理念是其发展观的核心理念，还在十八届中央政治局常委上任伊始同记者见面时，习近平就庄严承诺，“人民对美好生活的向往，就是我们的奋斗目标”。在以后的多个场合、多次讲话中，他都反复强调，要“以百姓之心为心”，真正“使改革发展成果更多更公平惠及全体人民”，真正“做到发展为了人民、发展依靠人民、发展成果由人民共享”。在“十三五”规划建议说明中，习近平又强调，要“坚持人民主体地位”，“坚持共享发展”。总之，他认为，坚持发展是第一要务，就是使“生活在我们伟大祖国和伟大时代的中国人民，共同享有人生出彩的机会，共同享有梦想成真的机会，共同享有同祖国和时代一起成长与进步的机会”，也就是让“共享”理念贯彻

① 中共中央宣传部：《习近平新时代中国特色社会主义思想三十讲》，学习出版社 2018 年版，第 235 页。

到中国发展的全过程。①

4. 共赢。习近平同志合作共赢思想具有深远的意义和扎实的实践基础。2013 年春季，习近平首访选择了俄罗斯，在莫斯科国际关系学院发表讲演，提出了人类命运共同体这样一个新概念。在 2013 年，习近平同志在博鳌亚洲论坛讲话的时候又提出，“人类只有一个地球，各国共处一个世界。共同发展是持续发展的重要基础，符合各国人民长远利益和根本利益。”② 我们讲可持续发展讲了许多年，但是习近平特别谈到，共同发展是可持续发展的重要基础。以往，各国在发展的过程中，往往更多地关注世界上存在的矛盾、差异、分歧、冲突和斗争。而对人类社会的同一性、整体性，对各个国家之间的相互依存性关注得相对不够，习近平总书记高屋建瓴，看到了人类社会发展的大趋势，看到了人类社会不同组成之间日益紧密的交流和联系，提出了人类命运共同体这样一个新概念，这是其共享思维在全球人类层面的深化。

① 《习近平总书记谈共享》，《人民日报》2016 年 3 月 3 日。

② 《习近平对世界如是说》，《人民日报海外版》2015 年 11 月 23 日。

第四章　共享经济理念的核心

理念是行动的先导，一定的发展实践都是由一定的发展理念来引导的。[①] 新时代共享经济理念具有宏观性和前瞻性，在贯彻新发展理念、打造共建共治共享的治理格局、以共享实现人民对美好生活向往以及构建人类命运共同体思想的指导下，中国社会经济向着更健康可持续的方向发展。新时代共享经济理念的核心内容即包括新发展理念、打造共建共治共享的治理格局、以共享实现人民对美好生活向往以及构建人类命运共同体思想。其中，创新发展理念指导开放式共享创新取得更大范围发展，协调发展理念与共享经济下资源的全社会范围流动都能够促进社会资源的优化配置，共享经济下使用权的循环利用模式契合习近平总书记提出的绿色发展理念，共享经济构建开放透明的共享平台，是其开放发展理念的最好诠释。共享发展理念的指引促进了共享经济这一服务广大社会群众的经济模式的诞生和发展；共建、共治、共享思想从社会发展的治理角度出发，在制度层面构建了促进共享经济发展的体制机制，共享经济也能够更好地通过促进社会化市场活动倒逼社会制度和治理方式的完善以及多样化；以共享实现人民对美好生活的向往是中国经济社会发展的根本目的，也是共享经济发展的内在价值导向；构建人类命运共同体的思想，将全世界全人类

---

① 习近平：《在党的十八届五中全会第二次全体会议上的讲话》（节选），《求实》2016 年第 1 期。

纳入共同体范畴，合作、共赢、借鉴、包容、绿色、低碳等共享经济发展理念和特征无不体现着人类命运共同体的思想。

一、以“共享”为核心的新发展理念

新发展理念是在深刻总结国内外发展经验教训、分析国内外发展大势的基础上形成的，也是针对中国发展中的突出矛盾和问题提出来的。五大新发展理念每一项都与新时代共享经济理念具有深刻的联系，也是推动共享经济健康发展的指导理念，其中，共享经济的开放式创新模式是创新发展理念的典型表现；共享资源的全范围、全社会层次流动能够促进社会协调发展，共享资源的使用权循环利用是绿色发展理念的深刻贯彻；开放透明的共享经济平台本身即是开放发展理念的体现；共享经济服务大众的低成本属性能够促进经济社会的共享发展、全面发展。新发展理念与共享经济思想相辅相成，共同推动中国经济深化改革，推动经济高质量发展。

（一）创新发展与开放式共享创新

2015 年 10 月 29 日，习近平总书记在党的十八届五中全会第二次全体会议上的讲话中指出：“创新发展注重的是解决发展动力问题。我国创新能力不强，科技发展水平总体不高，科技对经济社会发展的支撑能力不足，科技对经济增长的贡献率远低于发达国家水平，这是我国这个经济大个头的‘阿喀琉斯之踵’。”① 通过创新引领和驱动发展已经成为我国发展的迫切要求。所以，抓创新就是抓发展，谋创新就是谋未来。创新发展注重强调发展的动力问题，创新是引领发展的第一动力。发展动力决定发展速度、效能、可持续性。

---

① 习近平：《在党的十八届五中全会第二次全体会议上的讲话》（节选），《求实》2016 年第 1 期。

创新发展理念，强调把发展基点放在创新上，拓展发展新空间，形成沿海沿江沿线经济带为主的纵向横向经济轴带，培育壮大若干重点经济区，实施网络强国战略，实施“互联网+”行动计划，发展分享经济，实施国家大数据战略。强调培育发展新动力，优化劳动力、资本、土地、技术、管理等要素配置，激发创新创业活力，推动大众创业、万众创新，释放新需求，创造新供给，推动新技术、新产业、新业态蓬勃发展。①

共享经济是最活跃的新动能，是近年来经济发展的新业态，彰显了极大的发展潜力和未来前景。一方面，可以看到，共享经济的诞生本身就是最具创新的商业行为，共享平台的构建和使用权分享的模式给社会传统行业带来了极大的冲击；另一方面，共享经济下的开放式创新模式，通过共享平台发布行业产品需求和寻求解决方案，突破了原有企业创新的主体边界，能够汇聚全行业、全产业、全社会的创新资源进行创新，由此带来了对传统创新方式的变革。

共享经济下的开放式创新模式能够汇聚全行业、全产业的力量进行企业技术创新。在共享经济集中资源和平台高效匹配的作用下，有价值的知识、技能和创意等可以被几乎所有创业者和企业创新研发活动使用，人才资源实现了高效的流动，而不仅仅局限于某一固定组织，创新创业活动所需要的人才也不局限于企业内部，企业可以充分利用外部智力资源，进行开放式的创新；社会上公众的、零散的资金能够通过分享平台集中起来，投向有需求且有价值的创业企业或创新项目。开放式创新以海尔hope平台以及“航天云网”等开放式创新平台为典型代表，甚至可以追溯到linux系统的诞生。这种新型的开放的创新方法，既能够促进思维碰撞、推动协同合作创新，同时又能够在各行各业实现过剩劳动力、资本、土地、技术、管理等闲置资源的全社会范围整合。目前的共享创新平台，大多数以行业、产业为范围基数，同时发布产品、技术、管理问题与提供

① 《把创新摆在国家发展全局核心位置——深入贯彻落实五中全会精神》，《光明日报》2015年10月31日。

相关解决方案，能够搭建智慧沟通与交流的平台。未来共享创新的影响力可能是更加震撼的，未来共享经济将继续从存量共享向增量共享转变、从跟随模仿向引领创新转变、从国内竞争向国际市场拓展、从生活服务向生产服务拓展，从而更好地推动经济实现高质量发展。

（二）协调发展与共享资源全社会流动

协调发展理念是经济社会持续健康发展的内在要求，强调重点促进城乡区域协调发展，城乡协调发展、物质文明精神文明协调发展，推动经济建设国防建设融合发展，促进经济社会协调发展，促进新型工业化、信息化、城镇化、农业现代化同步发展，不断增强发展整体性、协调性。中国发展不协调是一个长期存在的问题，突出表现在区域、城乡、经济和社会、物质文明和精神文明、经济建设和国防建设等关系上。在经济发展水平落后的情况下，一段时间的主要任务是要跑得快，但跑过一定路程后，就要注意调整关系，注重发展的整体效能，否则“木桶效应”就会愈加显现，一系列社会矛盾会不断加深。①

关于协调发展理念，2016 年 1 月 18 日，在省部级主要领导干部学习贯彻十八届五中全会精神专题研讨班开班式上，习近平总书记强调“下好‘十三五’时期发展的全国一盘棋，协调发展是制胜要诀。协调既是发展手段又是发展目标，同时还是评价发展的标准和尺度，是发展两点论和重点论的统一，是发展平衡和不平衡的统一，是发展短板和潜力的统一。”在如何实现经济社会的协调发展方面，习近平总书记同时强调“我们要学会运用辩证法，善于‘弹钢琴’，处理好局部和全局、当前和长远、重点和非重点的关系，着力推动区域协调发展、城乡协调发展、物质文明和精神文明协调发展，推动经济建设和国防建设融合发展。”②2018 年 4 月 26

---

① 新华网：《人民日报评论员：三论夺取全面建成小康社会决胜阶段的伟大胜利》，2015 年 11 月 1 日，http：//www.xinhuanet.com/politics/2015-11/01/c_1117004168.htm

② 习近平：《聚焦发力贯彻五中全会精神　确保如期全面建成小康社会》，《人民日报》2016 年 1 月 19 日。

日，在深入推动长江经济带发展座谈会上，习近平总书记再次强调“在各自发展过程中一定要从整体出发，树立‘一盘棋’思想，把自身发展放到协同发展的大局之中，实现错位发展、协调发展、有机融合，形成整体合力。”[①] 协调发展的思想，与共享经济统筹社会资源，拉动就业，促进低收入阶层共享改革发展的成果，缩小城乡差距、区域差距，具有融汇相通之处。

共享经济能够有效地统筹市场各项资源，促进资源优化配置。当下在我国经济发展的过程中，存在严重的产能过剩问题，因此催生了供给侧结构性改革的相关政策，包括虚拟经济和实体经济的不均衡发展实质上也是市场资源分配不均的问题。实际上，如何统筹市场经济中微观市场资源是促进经济社会又好又快健康发展的重要内容。通信技术支持下共享平台的出现会逐步降低市场参与者之间对信息的盲区，从而减少因信息缺失引起的委托代理问题，分享平台的存在使得商业活动所需要的一系列资源得以汇总整合，多方主体的直接互动为企业的每一项决策提供便捷的通道，不仅节约了时间和资金，更让资源的流转效率得到极大的提高，由此显著地提高了市场配置资源的效率和合理性，引导人才、资金等资源流向真正有发展空间的领域，缓解部分领域投资过热和其他领域投资不足的问题。此外，在统筹区域协调发展、城乡协调发展，缩小区域发展差距方面，共享经济同时为低收入群体提供更多的收入来源，提供更廉价的使用成本，逐步实现社会各个群体的平衡协同发展。

（三）绿色发展与使用权的循环利用

绿色是永续发展的必要条件，绿色发展理念的内涵是坚持节约资源和保护环境，坚持可持续发展，坚定走生产发展、生活富裕、生态良好的文明发展道路，建设资源节约型、环境友好型社会，形成人与自然和谐发展现代化建设新格局，推进美丽中国建设，为全球生态安全作出新贡献。

---

① 《习近平在深入推动长江经济带发展座谈会上的讲话》，《人民日报》2018 年 6 月 14 日。

针对绿色发展理念，习近平总书记多次强调，“走向生态文明新时代，建设美丽中国，是实现中华民族伟大复兴的中国梦的重要内容。”① 在2005年8月24日，他在《浙江日报》的《之江新语》栏目撰文论述生态文明建设的重要意义，提出了著名的“两座山论”，并指出，“我们追求人与自然的和谐，经济与社会的和谐，通俗地讲，就是既要绿水青山，又要金山银山。”

绿色发展理念的提出，恰逢其时，有着鲜明的时代特色和现实需求，是应当长期坚持的发展理念。在绿色发展理念的指引下，共享经济通过资源使用权的循环利用，促进了产品绿色生产和产业结构的健康调整。

1. 在产品生产方面，共享经济下产品的使用权多次流转，因此生产厂商注重产品的可循环利用次数和节能环保性。共享经济凭借分布式、协同和横向对等的生产交易模式，实现了以可再生能源为生产动力的规模化扩张效应，为社会的全要素、跨产业、绿色化生产创造了新的渠道通路，能够有效化解资源与环境的约束。传统的环境保护是对环境状况的被动回应，在污染对环境的破坏积累到一定程度后，才开始采取相应的措施，在习近平总书记绿色发展理念的指引下，共享经济所推崇的清洁生产体现的是以预防为主的环境战略，从产品设计、原料选择、工艺操作、设备使用、运行管理等各个环节都要以提高资源利用率、减少污染排放为导向，通过不断提高管理水平和加速技术进步，主动提前防范不经济的资源环境问题。生产厂商也逐渐将关注的重点由仅局限于产品设计、制造销售扩展到整个产品生命周期，企业的责任贯穿制造的始末，涵括产品消费回收的终端。

2. 在调整生产结构方面，共享经济能够助推供给侧结构性改革，从产业发展的角度来看，共享经济具有替代效应和增量效应，犹如一把“双刃剑”，替代效应具体来说就是通过平台的集聚效应，以更少的产品或服

---

① 新华网：《习近平致生态文明贵阳国际论坛2013年年会的贺信》，2013年7月20日，见 http：//www.xinhuanet.com//politics/2013-07/20/C_116619687.htm。

务满足更多人的需求，从而直接减少传统产业中原有的产品和服务需求量。经济利益的损失对于传统产业而言是巨大的刺激信号，消费市场的萎缩倒逼传统行业不得不进行转型升级，替代效应会在短期内以颠覆性的创新使传统产业的生产运营受到极大的冲击，但共享经济的增量效应会在中长期内加速推动产业的绿色发展，社会资源得到高效利用，废品率和污染排放量将大幅降低。从消费者的视角来看仅需购买商品的使用权会节约较大的交易成本，由此产生的增量效应将催生更多的新增需求和衍生需求，在一定程度上能够确保整体市场经济不会随着产业转型而加速下行，进一步推动整个社会的经济绿色转型和可持续发展。

（四）开放发展与开放透明的共享平台

开放发展理念，强调实践要发展壮大，必须主动顺应经济全球化潮流，坚持对外开放。提高对外开放的质量和发展的内外联动性，主动参与和推动经济全球化进程，发展更高层次的开放型经济，积极参与全球经济治理和公共产品供给，提高我国在全球经济治理中的制度性话语权，不断壮大我国经济实力和综合国力。① 开放是国家繁荣发展的必由之路。目前，中国面临的国际国内形势与以往有很大不同，国际经济合作和竞争局面正在发生深刻变化，全球经济治理体系和规则正在面临重大调整，引进来、走出去在深度、广度、节奏上都是过去所不可比拟的，应对外部经济风险、维护国家经济安全的压力也是过去所不能比拟的。②

尽管如此，在当下社会，坚持开放发展仍然是必要且重要的。习近平总书记的开放发展理念，根植于其长期的改革实践。2001 年，时任福建省省长的习近平在“9・8”投洽会接受中外记者采访时，就提出“对外开放兴，福建兴；对外开放步伐加快，福建兴旺繁荣的机会越大。”2016

① 中共中央宣传部：《习近平新时代中国特色社会主义思想三十讲》，学习出版社 2018 年版，第 108 页。

② 《习近平在党的十八届五中全会第二次全体会议上的讲话》（节选），《求是》2016 年第 1 期。

年1月18日，在省部级主要领导干部学习贯彻十八届五中全会精神专题研讨班开班式上，习近平强调“要发展壮大，必须主动顺应经济全球化潮流，坚持对外开放，充分运用人类社会创造的先进科学技术成果和有益管理经验。要不断探索实践，提高把握国内国际两个大局的自觉性和能力，提高对外开放质量和水平。”① 在构建开放型经济新体制方面，2017年7月17日，习近平在中央财经领导小组第十六次会议上强调“我们提出建设开放型经济新体制，一个重要目的就是通过开放促进我们自身加快制度建设、法规建设，改善营商环境和创新环境，降低市场运行成本，提高运行效率，提升国际竞争力。”

开放发展是宏观指导理念，共享经济是最具有开放特征的微观经济模式，二者在内在上具有很强的一致性，都强调通过开放合作实现经济发展，实现社会繁荣和国际交流。共享经济平台有最开放的模式和范围最大的参与主体，共享经济平台的构建本身就是搭建一个开放、分享、协同、互助的中介平台的过程，而共享经济平台上的资源要实现利用效率的提高也需要后续的开放运作。共享经济的开放性集中体现在人人均可参与共享经济，获得或提供其所需要的资源。开放的资源为共享经济平台的每一个参与方提供了可获得资源满足需求的均等机会，共享经济以较低的准入门槛实现了大众参与，平台参与方既是供给方又是需求方，海量参与者为共享经济平台提供了巨量资源，共享经济平等的准入门槛和自由退出机制是其明显区别于传统经济活动的地方，并且为更广大的社会公众参与市场活动提供了更加丰富的途径。2016年3月，共享经济首次写入《政府工作报告》，明确要“支持分享经济发展，提高资源利用效率，让更多人参与进来、富裕起来”，大众参与是共享经济拉动中国经济增长、提供就业机会、改善人民生活最为显著的优势。

---

① 习近平：《聚焦发力贯彻五中全会精神　确保如期全面建成小康社会》，《人民日报》2016年1月19日。

（五）共享发展与居民大众共同富裕

共享是中国特色社会主义的本质要求。“治天下也，必先公，公则天下平矣。”树立共享发展理念，就必须坚持发展为了人民、发展依靠人民、发展成果由人民共享，作出更有效的制度安排，坚持全民共享、全面共享、共建共享、渐进共享，使全体人民有更多获得感、幸福感、安全感，朝着共同富裕方向稳步前进。① 让广大人民群众共享改革发展成果，是社会主义的本质要求，是社会主义制度优越性的集中体现。

当前中国发展的“蛋糕”不断做大，但分配不公的问题仍然比较突出。在共享改革发展成果上，无论是实际情况还是制度设计，都还有不完善的地方。习近平在省部级主要领导干部学习贯彻十八届五中全会精神专题研讨班上指出：“落实共享发展是一门大学问，要做好从顶层设计到‘最后一公里’落地的工作，在实践中不断取得新成效。”② 新时代中国特色社会主义的一个鲜明特征，是全国各族人民团结奋斗、不断创造美好生活、逐步实现全体人民共同富裕。从 2016 年到 2020 年，是全面建成小康社会决胜期，精准扶贫、精准脱贫，推动经济社会持续健康发展，使人民生活更加殷实，使全面建成小康社会得到人民认可、经得起历史检验，是中国现阶段经济发展的重要目标。共享经济能够在节约成本和增加收入两个方面推动实现共享发展和居民大众的共同富裕。

1. 在节约成本方面，共享经济能够很好地降低市场交易成本并通过产品使用权共享降低产品的边际成本。信息不对称引发的信息搜集成本等是市场交易中最显著的交易成本，共享经济以信息技术为支撑，构成网络社区，作为经济交易关键资源要素之一的信息资源可以自由流动，信息的开放性使得经济活动参与者的信息管理、资源配置、报告制度等能够实现集约化和差异化，实现信息在参与者之间的平等对称。这样一来，资源使

---

① 中共中央宣传部：《习近平新时代中国特色社会主义思想三十讲》，学习出版社 2018 年版，第 108 页。

② 习近平：《落实共享发展是一门大学问》，《人民日报》2016 年 5 月 14 日。

用、配置和管理成本可能低于实体市场或行政体系下的交易成本。因此，在共享经济下最终消费者为解决信息不对称所付出的成本降低，整个市场的交易成本也随之降低。

2. 在增加收入方面，在共享经济模式下，组织中的雇佣关系变得灵活松散，组织与个人突破纯粹的雇佣关系并成为合作者。个人不只是一家企业的员工，可能服务于多家企业，为大众提供了更多的就业途径，有93% 的网约车司机表示智能出行工作使其能灵活安排自己的工作和生活，并因此对自己的工作满怀成就感和自信心。共享经济并不是宏观层面实现共同富裕的根本性措施，但是却能够在微观层面上为群众提供更多收入，促进实现社会经济的共同繁荣和富裕。

二、打造共建共治共享的治理格局

党的十九大报告对新时代社会治理做了富有深刻内涵的表述，提出要“打造共建共治共享的社会治理格局”，这是中国首次提出要打造共建共治共享社会治理格局，是对以往“完善党委领导、政府负责、社会协同、公众参与、法治保障的社会治理体制”认识的拓展和理念的进一步升华。[①] 其中，共建是基础，共同建设强调突出制度和体系建设在社会治理格局中的基础性、战略性地位；共治是关键，共同治理要求树立大社会观、大治理观，将党总揽全局、协调各方的政治优势同政府的资源整合优势、企业的市场竞争优势、社会组织的群众动员优势有机结合起来，打造全民参与的开放治理体系；共享是目标，共同享有治理成果与中国社会主义国家的本质属性相契合，强调要使社会治理的成效更多、更公平地惠及全体人民，不断增加人民的获得感、幸福感、安全感。共享经济在促进社会治理的共建共治共享过程中，能够通过打造共享平台促进社会各个组织

---

① 马庆钰、单苗苗:《准确理解共建共治共享的内涵》,《学习时报》2017 年 11 月 8 日。

参与社会建设，整合社会资源，以平等的准入模式带动全体人民加入共享经济的治理，同时以丰富群众物质资源和精神财富的形式促进群众共同享有社会治理成果。

（一）共同参与社会建设

共建即共同参与社会建设，这一理念强调就发展社会事业而言，在教育、医疗、卫生、就业、社保以及社会服务等相关领域，应本着政府主导和政社合作的原则，通过一系列政策安排，为市场主体和各种社会力量创造发挥作用的更多机会；中国社会的建设发展不是一部分人拉动的，而是所有人积极参与的，我国作为社会主义国家，强调人民民主，强调维护人民的社会福利，人民的获得感、幸福感和安全感需要得到制度保护。因此，在公共财政制度、收入分配制度、社会保障制度的构建过程中，党在发挥领导作用的同时，也必须为社会各界和广大人民有序参与制度建设建立相应的机制。

共享经济能够助力社会组织在社会建设中发挥更大作用，虽然共享经济创造了诸多新型企业，诸如拼多多、共享单车等，但是大多数还是以共享平台企业的形式出现，共享经济平台企业更多地还是强调企业个体的营利性，而非以提供社会福利为宗旨。但是共享经济平台构建了一张联系社会各个组织的网络，使得社会企业能够以更加丰富的形式参与教育、医疗、卫生、就业以及社会服务等领域。

比如，在制造业生产领域，以航天云网为例，航天云网以“互联网＋智能制造”为发展方向，致力于将云计算、大数据、移动互联网、物联网等为代表的新一代信息技术与制造业有机结合，建立了“信息互通、资源共享、能力协同、开放合作、互利共赢”的工业互联网生态系统，于2017年6月面向全球正式发布航天科工工业互联网云平台——INDICS，这也是世界首批、中国首个工业互联网云平台。基于INDICS平台面向航天科工打造了专有云，面向国内市场打造了航天云网，面向国际市场打造了国际云，为政府、行业组织、企业等用户提供基于“互联网＋智能制造”的20类服务。航天云网对内打造的航天科工内部的专有云平台，为集团内部的数百家企业提供资源协同共享服务，对外先后与贵州、江西、内蒙古、安徽、京津冀等省市开展省级工业云建设，提供平台个性化服务，开展在线资源的协同共享、创新创业、工业大数据远程监控运维及线下的智能化改造等服务。在国际化合作方面，航天云网搭建了面向全球用户的国际云平台，国际云平台自2015年上线以来，在德国、伊朗布局，与西门子、SAP等公司共同研究智能工厂解决方案、云服务平台、国际工业互联网标准。目前，已经有1500家企业入驻，覆盖北美、澳大利亚、南美、非洲、欧洲等国家和地区。应该说，航天云网的平台性企业作用，通过组织工业领域内全行业、全产业、全球范围的企业加入共享平台，从而实现了“企业有组织、资源无边界”的生产资源配置，平台企业有平台企业的追求和营利目的，但是平台作为一个整合资源的大组织，调动了社会各个企业组织参与社会经济建设，共享经济的共同建设作用、平台性作用渗透在经济活动的很多层面，为我国社会建设提供了良好的实践探索。

（二）共同参与社会治理

共治强调共同参与社会治理，针对这一思想，习近平总书记指出，要注重动员组织社会力量共同参与，发动全社会一起来做好维护社会稳定工作，努力形成社会治理人人参与，人人尽力，人人共享的良好局面，从而完善政府治理和社会调节，居民自治良性互动的体制机制。深化基层组织和部门、行业依法治理，支持各类社会主体自我约束、自我管理、发挥市民公约、乡规民约、行业规章、团体章程等社会规范在社会治理中的积极作用。

在共同参与社会治理的要求下，社会组织按照统一的计划或意图，充分调动、周密组织和有效地协调各种力量，密切配合，汇聚资源，形成整体力量，同时对项目的实施情况进行跟踪监督，确保有效执行，是基层社会治理的重要依托。以群众需求为基础，充分调动人民群众积极参与社会治理，能够根据群众需求，组建矛盾调解、设施维护、环境整治、文体活动等自治委员会，提升群众自我管理、自我服务能力。参与权是人民群众的一项重要权利，也是人性需求的组成部分。在物质匮乏的社会阶段，人们参与公共事务的动力尚不突出。但是到了新的社会主要矛盾生成的今天，马斯洛需求层次规律开始应验①，人们对于民主、法治、公平、正义和个人价值实现的愿望日益凸显，更加强调自身的价值实现需要，因此在社会治理的各个层面，都应该逐步强化人民群众的参与，这也是共同参与社会治理这一思想提出的现实背景和需求。

共同参与社会治理的思想，与中国当下共享经济的发展具有极大的契合点，共享、共同参与的思想贯穿于共享经济发展的全过程，同时也能够促进全体社会群众参与社会治理，促进中国社会信用机制的建立与完善。当下中国尤其强调加强社会治理基础制度建设，统一社会信用代码制度和相关实名登记制度，完善社会信用体系。共享经济赋予资源供给方和需求方实时反馈信息的权利，开放透明的共享平台能够有助于解决传统经济下信息模糊的问题，而这种对信息不对称问题的解决极大地依赖于共享经济的信用体系，如果社会信用体系不完善，一些恶性事件就会层出不穷。为了使共享平台及各参与方能够加深彼此的信赖程度，信用数据库多年来正逐步累积形成，其以政府、银行等公众机构作为信用搜集渠道，以平台参与方为征信对象，能够为共享平台供需两端的运行提供审核或参考依据。除了个人在银行体系的信用记录以外，其在共享平台买卖交易所形成的信用积分也是信用报告的一种形式。这其中最具代表性的要数来源于支付宝的芝麻信用。在社会信用体系构建方面，共享平台的健康运行需要政府、社会、个体共同完善社会信用体系，同时共享平台本身也为全社会信用体系的构建提供了自己的独特运行数据。

① 马庆钰：《共建共治共享社会治理格局的意涵解读》，《行政管理改革》2018 年第 3 期。

（三）共同享有治理成果

共同享有治理成果思想强调从为人民服务的角度出发，一切为了人民，一切依靠人民，社会发展的硕果由全体人民享有。习近平发展观的核心理念就是“共享”，强调“必须让人民群众共享发展成果”。他还把“共享”上升到社会制度的本质高度，认为“广大人民群众共享改革发展成果，是社会主义的本质要求”，是“中国特色社会主义的本质要求”。无论是加强和创新社会建设还是社会治理，归根到底都是为了不断满足人民日益增长的美好生活需要，让人民群众共同享有治理成果。这就要求创新利益协调机制，完善利益保护机制，切实维护和保障人民群众切身利益。共同享有治理成果这一理念的主要思想包括构建共享服务体系，建立政府主导、覆盖城乡、可持续的公共服务体系。不断完善社会保障，满足人民群众生产生活基本需要。构建实现共享的体制机制，不断完善基本公共服务制度、民生保障制度和公共服务监管制度等，让人民群众有实实在在的获得感、幸福感、安全感。

改革开放以来，中国经济发展突飞猛进，然而发展成果却没有很好地惠及每个家庭每个人，当下社会发展的矛盾转变，发展不平衡不充分的问题尤其引人注目，城乡之间、地域之间、群体之间存在一定差距。习近平同志强调，我们追求的发展是造福人民的发展，我们追求的富裕是全体人民共同富裕。改革发展搞得成功不成功，最终的判断标准是人民是不是共同享受到了改革发展成果。在以后的多个场合、多次讲话中，习近平总书记都反复强调，要“以百姓之心为心”，真正“使改革发展成果更多更公平惠及全体人民”，真正“做到发展为了人民、发展依靠人民、发展成果由人民共享”。在“十三五”规划建议说明中，习近平又强调，要“坚持人民主体地位”，“坚持共享发展”。总之，他认为，坚持发展是第一要务，就是使“生活在我们伟大祖国和伟大时代的中国人民，共同享有人生出彩的机会，共同享有梦想成真的机会，共同享有同祖国和时代一起成长与进步的机会”。[①] 也就是让“共享”理念，贯彻到中国发展的全过程。

共享经济与共建共享一以贯之，人人参与、人人尽力、人人享有，让每个人都参与到包括共享经济活动在内的社会治理的方方面面。作为新型的经济模式，共享经济能最大程度调动大众参与经济活动的积极性，激发规模效益，从而极大地降低经济活动的交易、信息获取等中介成本，并且使公众都能享受到经济带来的有形或无形的获得感。

1. 从物质层面来看，共享体现为丰厚的衣食、舒适的居住、便捷的出行、完善的教育、良好的医疗等等。共享经济衍生出的共享出行、共享住宿、共享医疗、众筹、供应链金融、相互保险等共享模式，开拓出创新性的资源融通配置方式，以极其包容的姿态为每个参与个体创造了获取有形资源的条件。共享经济在一定程度上打破了阶层的垄断，再普通的个体也可以在共享经济中自由活动、获取利益。通过手机扫码骑行单车，解决家到车站的最后一公里，这带来的是生活的便利与幸福感；共享经济实现的人人参与，人人共享，将闲散各处的限制资源有效地汇聚起来，加速了资源的优化配置，也使得人们在共建共享中共同收获属于自己的资源与财富。如果说，共享经济的诞生和成功发展，是中国经济建设孕育的产物，那么由此带来的共享经济就业岗位的增加、居民出行的便利和简易的融资渠道都是共享经济给群众带来的发展成果，共享经济极大地调动了人们参与市场活动、监督市场行为的动机，也直接带来了人们对物质生活的满足。

2. 从精神层面来看，共享经济平台是社会网络公开治理平台，汇聚了大量的社会信用数据。在这种范式下，社会大众能够享受到的共享成果在某种程度上体现为安全、尊严、幸福、成就等获得感。共享经济通过有形或无形的利益的获得，较之传统经济，更易让大众拥有获得感。共享经济平台的构建从共享、人本、自由、平等的角度出发，满足了人的自我实现需要和尊重需要。比如共享经济中的众筹模式正在改变慈善事业，

① 习近平：《在第十二届全国人民代表大会第一次会议上的讲话》，《人民日报》2013 年 3 月 18 日。

《2016年全国众筹行业半年报》指出，到2016年6月末，中国正常运营中的众筹平台数量已达近400个，成功筹得资金近80亿元，较两年前有着飞速的发展。其中，慈善众筹项目达到近5000个，平均每个项目能筹得善款4.1万元。在慈善众筹的活动中，虽然绝大部分参与者没有物质方面的回报，但收获了帮助他人、自我价值实现这种精神上的获得感。此外，在知乎等众多共享经济平台上，信息知识共享是新型的共享资源方式，个体所掌握的信息、知识等资源具有了可以分享的平台，能够分享其多余的知识，并为其余个体提供重要的信息来源，或者获得其需要的医疗、知识、教育等服务，这对于偏远地区以及线下难以获取知识服务等地区的人们来说是至关重要的，也是享受社会发展福利，享有祖国建设成果的良好途径。

三、以共享实现人民美好生活向往

新时代中国社会基本矛盾发生了变化，随着社会生产力水平显著提高，人民的需要不再仅仅局限于物质文化方面，而是有了更高要求，在民主、法治、公平、正义、安全、环境等方面的要求也日益增长。对此习近平总书记强调："我们的人民热爱生活，期盼有更好的教育、更稳定的工作、更满意的收入、更可靠的社会保障、更高水平的医疗卫生服务、更舒适的居住条件、更优美的环境，期盼孩子们能成长得更好、工作得更好、生活得更好。人民对美好生活的向往，就是我们的奋斗目标。人世间的一切幸福都需要靠辛勤的劳动来创造。我们的责任，就是要团结带领全党全国各族人民，继续解放思想，坚持改革开放，不断解放和发展社会生产力，努力解决群众的生产生活困难，坚定不移走共同富裕的道路。"① 因此

① 习近平：《人民对美好生活的向往就是我们的奋斗目标》，《人民日报》2012年11月16日。

全面认识和把握“人民日益增长的美好生活需要”对于深入理解新时代共享经济理念具有价值目标的指引作用，要不断满足人民群众日益增长的美好生活需求，既要继续发展生产力，不断提升经济社会发展质量，并且在发展中不断保障和改善民生，同时又要注重满足人民日益增长的精神文化需求，在这三个方面，共享经济都能够通过资源使用权的共享助推实现人民对美好生活的向往。

（一）不断提升经济社会发展质量

新时代中国经济发展的基本特征，是由高速增长阶段转向高质量发展阶段。高质量发展，集中体现了坚持以提高发展质量和效益为中心，是为了更好满足人民日益增长的美好生活需要的发展，是体现新发展理念的发展。推动高质量发展，对于我国发展全局具有重大现实意义和深远历史意义。① 因此，在这一高质量发展理念的指引下，共享经济作为新型经济业态，不仅能够以使用权共享的模式提升资源整合优化速度，同时也促进了资源循环利用和绿色发展。

资源共享促进大范围经济合作和创新，拉动经济增长。从共享经济的运作模式看，共享经济最典型的强调使用权非所有权的特征是当前经济社会中最大范围的合作，“共享”理念与人人皆可参与的“公众”理念使得全社会范围内的公众、资源都紧密地链接在了一起，进而实现了多方互利；共享经济下的开放式创新模式，以协同创新的形式，极大地改变了传统经济下单个企业内部研发的现状，促进了创新领域的全球技术合作；共享经济的利他理念，出让资源使用权的运营方式，充分体现了市场经济主体的社会性、合作性和整体性；“利他”既是社会化大生产时代下对各个生产组织、消费个体提出的实现双方效用最大化的合作共赢的要求，也是随着人类文明的不断提升，人类对于自身认可与价值实现的精神追求的体

① 中共中央宣传部：《习近平新时代中国特色社会主义思想三十讲》，学习出版社 2018 年版，第 132 页。

现；共享经济的协同理念强调在平台所有参与个体分享其所拥有的各项有形资产与无形资产以利他人的同时，以协同合作进一步促进社会创新，催生新一代产业革命。协同是对共享经济平台上所有资源的进一步优化与重新整合，只有协同合作才能在充分利用各项资源的同时促进企业创新能力的提升，以生产能力的节省与进步实现社会各个层面的进一步发展。

而绿色健康发展是衡量经济发展质量的重要标准，习近平总书记指出，工业化创造了前所未有的物质财富，也产生了难以弥补的生态创伤。我们不能吃祖宗饭、断子孙路，用破坏性方式搞发展。要牢固树立尊重自然、顺应自然、保护自然的意识，以人与自然和谐相处为目标，解决好工业文明带来的矛盾，实现世界的可持续发展和人的全面发展，构筑尊崇自然、绿色发展的全球生态体系，合作应对气候变化，保护好人类赖以生存的地球家园。①

1. 共享经济促进了已有资源的循环利用。在共享经济模式下通过使用权的分割，资源可以被公众共同享用，所蕴含的价值被充分发掘。这种协同消费模式盘活了社会的“闲置”资源，扩大了资源使用范围，是对存量资源的更有效使用，是在现有资源条件基础之上，对可利用资源的充分挖掘，将不可用资源变为可用，从而减少资源消耗和碳排放量，真正践行了绿色低碳的发展理念，对整个全球气候变化和资源条件具有重要的整体意义。

2. 共享经济引领了绿色清洁的新生产方式。从产业引领角度看，以“共享”为特色的新型企业以极快的速度占领了相关领域的聚焦点。不同于传统的重工业生产，共享经济中崛起的新型企业着力于科技创新、产业升级，以劳动、资本和技术的高效使用，逐渐带动传统产业步入清洁生产的发展进程。清洁生产注重将整体预防的环境战略持续应用于生产过程、产品和服务中，可以提高生态效率和减少破坏环境的风险，这与共享经济

① 中共中央宣传部：《习近平新时代中国特色社会主义思想三十讲》，学习出版社 2018 年版，第 132 页。

的绿色环保导向协调一致。

（二）在发展中保障和改善民生

2017 年 10 月 18 日，在中国共产党第十九次全国代表大会上的报告中，关于民生问题，习近平强调“必须多谋民生之利、多解民生之忧，在发展中补齐民生短板、促进社会公平正义，在幼有所育、学有所教、劳有所得、病有所医、老有所养、住有所居、弱有所扶上不断取得新进展，深入开展脱贫攻坚，保证全体人民在共建共享发展中有更多获得感，不断促进人的全面发展、全体人民共同富裕。”① 民生是实现人民美好生活向往最直接的影响机制，共享经济是贴近居民生活的改善民生的商业形式。

1. 在就业方面，共享经济直接催生了大批共享经济企业，由此为接口，为缓解社会就业压力、促进灵活就业等发挥了较大的作用。滴滴出行公布的智能出行报告显示，2016 年滴滴平台为全社会创造了 1750.9 万个灵活就业和收入机会，有 14% 的参与者来自去产能行业，还有 5% 的参与者由退伍 / 转业军人组成，同时每天直接为 207.2 万网约车司机提供超过 160 元的日均收入；2017 年中国就有超过 7 亿人参与共享经济活动，共享经济平台企业员工数约 716 万人，比 2016 年增加 131 万人，约占当年城镇新增就业人数的 9.7%，意味着城镇每 100 个新增就业人员中，就有约 10 人是平台企业新雇用员工。

2. 在居民日常生活领域，共享经济方便了群众出行、购物、医疗、教育等诸多方面。比如在医疗卫生领域，微医（原挂号网）、好大夫在线、平安好医生、丁香园等一批互联网医疗领域公司的诞生，通过共享平台的汇聚，整合了医疗行业内的医生资源。以春雨医生为例，成立短短 4 年之后，截止到 2015 年 7 月春雨医生已拥有 6500 万用户、20 万注册医生和 7000 万条健康数据，每天有 11 万个健康问题在春雨医生上得到

① 习近平：《决胜全面建成小康社会　夺取新时代中国特色社会主义伟大胜利——在中国共产党第十九次全国代表大会上的报告》，人民出版社 2017 年版。

解答，是世界上最大的移动医患交流平台。《人民日报》评论认为，“春雨医生利用互联网特点，开拓了新的医疗问诊形态，在医药服务的新领域进行了大胆创新”，新华社评论认为，“春雨医生让寻医问药，‘不排队还不贵’”，CCTV《新闻联播》评价春雨医生的诞生，认为“这是过去难以想象的创新之举：患者通过手机，直接和全国二甲以上的专业医生进行1对1交流”。可以说，这是共享经济这一社会市场经济模式介入公共医疗领域，并推动社会医疗卫生健康发展的典型案例，是调动全社会组织力量和形态参与社会建设，为人民服务的开拓性实践，是共享经济发展的重要意义所在。

3. 共享经济从模式定位上即为普通大众提供了极低的消费成本，对于缩小城乡差距，服务底层群众生活具有重要意义。2015年1月19日至21日，习近平在云南考察工作时强调，要坚持城乡统筹发展，坚持新型工业化、信息化、城镇化、农业现代化同步推进，实现城乡发展一体化。2015年5月25日至27日，习近平在浙江调研时强调，要提高城乡发展一体化水平，把解放和发展农村社会生产力、改善和提高广大农民群众生活水平作为根本的政策取向，加快形成以工促农、以城代乡、工农互惠、城乡一体的工农城乡关系。[①] 实际上，由于共享经济下规模经济的存在，使用权分享为群众带来了边际成本趋近于零的条件，进而促进社会大众越来越多地通过协作生产、消费和分享自己的资源，共享带来的低成本消费，比如哈罗单车、拼多多等，对民众的吸引力是巨大的，共享经济恰好满足了中国民众尤其是中低收入阶层降低生活成本的现实需求，这同时也是共享经济得以蓬勃发展的背后消费者市场的支持。

（三）同时满足人民精神文化需要

随着中国特色社会主义进入新时代，人们的物质性需要不断得到满

---

① 《习近平在浙江调研时强调：干在实处永无止境　走在前列要谋新篇》，《人民日报》2015年5月28日。

足，开始更多追求社会性需要和心理性需要，比如更优美的环境、更丰富的精神文化生活等等。这既是中国社会生产力水平显著提高的必然结果，又是对未来经济社会发展提出的更高要求。实际上，现代社会人民的精神文化需要更加多姿多彩，在形式上表现为一种社会各种知识、教育等精神资源的需要，在实质上则表现为对个体认知、自我价值的认可和勉励，强调最大程度上实现自身价值和有更多的获得感和幸福感。

1. 共享经济促进社会教育资源的协调分配。2016年9月9日，习近平总书记在北京市八一学校考察时发表重要讲话强调，“要优化教育资源配置，逐步缩小区域、城乡、校际差距，特别是要加大对革命老区、民族地区、边远地区、贫困地区基础教育的投入力度，保障贫困地区办学经费，健全家庭困难学生资助体系。要推进教育精准脱贫，重点帮助贫困人口子女接受教育，阻断贫困代际传递，让每一个孩子都对自己有信心、对未来有希望。”① 以慕课和知乎等共享经济平台为例，MOOC已成为一种较为成熟的正式学习方式。其不仅可以使得学习者突破其学习边界，还可通过互联网实现社会范围内的优质教育资源共享。这些传播知识、服务的共享平台，为原本难以接触外界世界、获得高科技资源的偏远地区提供了认识世界和享受服务的手段，认知视野的开拓对个体和社会的影响是重大而又潜移默化的，共享资源的大范围流动能够促进社会的更加协调、健康、可持续发展。

2. 共享经济下的自愿知识分享模式，促进了知识汇聚和提升个人成就感，满足交流意愿。知识分享将人们的时间、智力资源等看作社会资源的集合体，在共享经济以前，这些资源在人们完成日常工作、学习之后，剩余部分大多被娱乐消耗、浪费，难以产生更大价值；而在移动互联时代，网络媒介迅速发展，使剩余的时间、智力等资源能够被共享给他人，成为一种公共性的社会资源。以知乎为代表的知识共享社区是一种基于陌

① 习近平：《全面贯彻落实党的教育方针　努力把我国基础教育越办越好》，《人民日报》2016年9月10日。

生人之间以知识交流为主的知识共享平台。其以互联网为载体，以知识共享为核心，通过聚集来自不同职业、学习背景、兴趣爱好的用户，以关系社区的形式帮助用户获取感兴趣问题的答案并分享自己的知识来帮助其他用户解决问题，这种自发资源认知分享的交流平台，为广大用户提供了获得信息和交流信息的途径，同时满足了个体自我实现需要。

3. 共享经济以现实的互帮互助行为，使得大众更有获得感和幸福感。共享经济通过有形或无形的利益的获得，较之传统经济，更易让大众拥有获得感。共享经济平台的构建从共享、人本、自由、平等的角度出发，满足了人的自我实现需要和尊重需要，社会大众能够享受到的共享成果在某种程度上体现为安全、尊严、幸福、成就等等获得感。比如共享经济中的众筹模式正在改变慈善事业。根据《2016 年全国众筹行业半年报》数据，到 2016 年 6 月末，中国正常运营中的众筹平台数量已达近 400 个，成功筹得资金近 80 亿元，较两年前相比有着飞速的发展。其中，慈善众筹项目达到近 5000 个，平均每个项目能筹得善款 4.1 万元。在慈善众筹的活动中，虽然绝大部分参与者没有物质方面的回报，但收获了帮助他人、自我价值实现这种精神上的获得感。

四、构建人类命运共同体思想

习近平总书记构建人类命运共同体的思想，体现了其全球视野与共享共赢的价值观。该思想首次提出，是在 2012 年党的十八大上，明确提出“要倡导人类命运共同体意识，在追求本国利益时兼顾他国合理关切”。后来在 2017 年 1 月 18 日，习近平在日内瓦万国宫出席“共商共筑人类命运共同体”高级别会议时，发表题为《共同构建人类命运共同体》的主旨演讲，深刻、全面、系统地阐述了人类命运共同体理念，主张共同推进构建人类命运共同体伟大进程，坚持对话协商、共建共享、合作共赢、交流互鉴、绿色低碳，建设一个持久和平、普遍安全、共同繁荣、开放包容、清洁美丽的世界。构建人类命运共同体的思想包括相互依存的国际权力观、共同利益观、可持续发展观和全球治理观四个方面，这是其基本的价值观基础。构建人类命运共同体思想的内涵十分丰富，持久和平、普遍安全、共同繁荣、开放包容、清洁美丽，这些都是人类作为一个整体对自身命运的美好希冀，反映了人类社会共同的价值追求，汇聚了世界各国人民对和平、发展、繁荣向往的最大公约数，其中，体现共享经济理念的主要有共同繁荣、开放包容和清洁美丽三个层次。

（一）合作共赢促进经济共同繁荣

坚持合作共赢，建设一个共同繁荣的世界，这一理念，主要是从全球经济发展的角度出发，强调促进贸易和投资自由化便利化，推动经济全球化朝着更加开放、包容、普惠、平衡、共赢的方向发展。习近平总书记强调，各国特别是主要经济体要加强宏观政策协调，兼顾当前和长远，着力解决深层次问题。抓住新一轮科技革命和产业变革的历史性机遇，转变经济发展方式，坚持创新驱动，进一步发展社会生产力、释放社会创造力。维护世界贸易组织规则，支持开放、透明、包容、非歧视性的多边贸易体制，构建开放型世界经济。经济全球化是历史大势，要加强协调、完善治理，引导经济全球化健康发展，既做大蛋糕，又分好蛋糕，着力解决公平公正问题。①

从全球经济发展的视角可以看到，经济增长仅靠和平共处还不够，还要高举合作共赢的旗帜，全球世界各国之间的关系不仅仅是政治关系，更多的是以经济关系为基础，以经济模式为导向，习近平总书记提出以合作共赢促进经济的共同繁荣，是符合经济全球化趋势的正确导向。

共享经济这一商业模式，从诞生开始，即贯彻了合作共赢的理念，在实践过程中，更是直接同时在全球范围爆发，从经济体制的角度来看，

---

① 中共中央宣传部：《习近平新时代中国特色社会主义思想三十讲》，学习出版社 2018 年版，第 285 页。

共享经济起初同时迸发于不同体制经济体，美国、中国、新加坡几乎同时产生形式多样、本质相同的共享经济实体，在后续的发展过程中，共享经济跨越了经济体制的界限，在私有制为主的经济体制国家和公有制为主体的国家发展都可以得到快速发展，且其发展的范围越来越广，影响越来越大，充分体现了共享经济的经济主流性，同时也体现了这一经济业态的巨大影响，世界是整体的，经济发展是全面的，共享、合作、共赢的理念共同打造了共享经济的快速发展。

共享经济同时在全世界不同经济体制的国家发生并迅速发展，充分表现了其强大的生命力和适用性。共享经济的突出之处在于其淡化了对资源的所有权的要求，而突出表现在对资源使用权的叠加，其共享、共赢、互惠、合作、创新、利他的理念，随着社会的发展和人类文明水平的提升将越来越受到市场的认可，这也是经济社会的必然发展趋势。中国作为世界上最大的共享经济中心，其共享经济的发展经验正在为世界更多的国家所借鉴，之前中国的经济模式，以公有制为主体的经济制度，对企业，尤其是实力雄厚的国有企业的海外拓展，有着巨大的影响和经济制度色彩，许多成功的经验是难以被西方资本主义国家所借鉴的，但这次共享经济模式的涌现，迅速在世界各国相继取得了实践上的成功，可见，共享经济是一种可以跨越经济制度界限的商业模式，其合作共赢的理念可以助力实现人类命运共同体的构建，最终实现经济发展的共赢共享。

（二）交流借鉴建设开放包容社会

交流借鉴建设开放包容社会的理念，强调世界各国之间应当坚持交流互鉴，建设一个开放包容的世界。党的十九大报告中，习近平总书记将开放包容的中国精神融入构建人类命运共同体的伟大进程，呼吁世界各国遵循开放包容的精神创造人类美好未来，强调“要尊重世界文明多样性，以文明交流超越文明隔阂、文明互鉴超越文明冲突、文明共存超越文明优越。”人类文明多样性是世界的基本特征，也是人类进步的源泉。文明差异不应该成为世界冲突的根源。不同文明要取长补短、共同进步，让文明互鉴成为推动人类社会进步的动力、维护世界和平的纽带。[①]

开放包容、交流借鉴的理念，在中国具有相当久远的文化传统。“海纳百川，有容乃大。”从汉代张骞出使西域，唐代玄奘西行取经，明代郑和七下西洋，到如今推动“一带一路”建设、提出共商共建共享的全球治理理念，这都是中国经济发展与政治交流不断融入世界的表现，中华文明传承几千年的精神气质，与时俱进，焕发时代光彩。几十年前，英国历史学家汤因比曾预测：中国可能“有意识地、有节制地融合”中国与其他文明的长处，“其结果可能为人类文明提供一个全新的文化起点”[②]。当下，在中国与世界各国的交流借鉴过程中，中国尤其强调“国之交在于民相亲，民相亲在于心相通”，“一带一路”倡议为推动经济全球化提供了新的思维，成为沿线国家不同文化深度交融的融合剂，并为世界文明多样性、多元化提供了新的展示平台。

习近平总书记交流借鉴、建设开放包容世界的思想对外强调各国文明之间的交流、融合、尊重和发展，对内可以表现为对新经济、新业态的包容监管和鼓励发展。在共享经济的发展中，从共享经济本身来看，共享平台本身就是典型的微观开放性交易平台。共享平台的开放性体现在两个方面。

1. 共享经济参与主体的低门槛和平等性。共享经济平台的构建本身就是搭建一个开放、分享、协同、互助的中介平台的过程，开放的资源为共享经济平台的每一个参与方提供了可获得资源满足需求的均等机会，日常生活中的每一个个体都可以积极参与共享经济平台，第三方共享经济平台掌握大量客户资源，客户为共享经济平台带来了流量和入口。正是基于开放的资源，共享经济平台的交易撮合才能更有效率。

2. 共享平台信用评价机制的开放性、透明性。无论打车平台，还是租房平台，对其名下的经济产业的信息反馈大都来源于消费者的评价。评价反馈机制是共享经济模式下需求方对供给方的有力约束，也为其它需求

---

① 中共中央宣传部：《习近平新时代中国特色社会主义思想三十讲》，学习出版社 2018 年版，第 285、286 页。

② 《以开放包容推动人类文明进步》，《人民日报》2017 年 11 月 7 日。

方参与分享经济平台提供了借鉴，但是目前也存在虚假评论、恶意评论等问题需要解决，共享经济的发展必须有完善、开放、透明的信用机制作为保障，否则共享经济的发展会出现越来越多的问题，有监管的开放包容才是真正的开放包容，共享、交流借鉴思想指引下的共享经济将对社会信用机制与监督模式的形成带来推动作用。

习近平总书记交流借鉴、开放包容的思想，对外是其大国外交格局的体现，是对人类不同种族、不同文明的尊重、宽容，是构建人类命运共同体的精神融合途径，对内显著表现在对新经济业态的融合、鼓励发展方面，是对共享经济等新型开放式经济模式的支持、鼓励，其开放包容的思想一以贯之，渗透在经济发展、大国外交的各个层面。

（三）绿色低碳打造清洁美丽世界

坚持绿色低碳，建设一个清洁美丽世界的理念，是构建人类命运共同体的重要内容之一。绿色低碳，打造清洁美丽世界强调人与自然的共生共存，遵循天人合一、道法自然的理念，寻求永续发展之路，倡导绿色、低碳、循环、可持续的生产生活方式，平衡推进 2030 年可持续发展议程，不断开拓生产发展、生活富裕、生态良好的文明发展道路。①

2018 年 7 月 7 日，“生态文明贵阳国际论坛 2018 年年会”在贵阳开幕。在开幕式上，习近平总书记专门发来贺信，表示：“生态文明建设关乎人类未来，建设绿色家园是各国人民的共同梦想。”“国际社会需要加强合作、共同努力，构建尊崇自然、绿色发展的生态体系，推动实现全球可持续发展。”“我们愿同国际社会一道，全面落实 2030 年可持续发展议程，共同建设一个清洁美丽的世界。”② 贺信是习近平生态文明思想的具体体现，为全球生态文明建设提供了中国智慧、中国理念、中国方案，绿色

---

① 中共中央宣传部：《习近平新时代中国特色社会主义思想三十讲》，学习出版社 2018 年版，第 286 页。

② 新华网：《习近平向生态文明贵阳国际论坛 2018 年年会致贺信》，2018 年 7 月 8 日，见 http：//www.xinhuanet.com//politics/teaclers/2018-07/07/c_1123092421.htm。

发展、低碳发展是当代社会环境对全世界各国提出的要求，是经济发展的必由之路，是促进全人类命运共同体完善进步、发展壮大的福祉。

因此，在经济发展过程中，能够提供新能源、新材料或者促进循环利用、循环生产、清洁生产的生产活动都得到了世界各国的大力推崇，共享经济典型的资源循环利用模式，为实现绿色低碳发展带来了新的路径，其循环利用的思想与绿色低碳理念具有共通之处。

1. 从共享经济强调的绿色协同消费的理念角度来看，共享经济从根本上矫正了传统工业经济一直以来鼓励的私人占有、过度消费的文化。随着消费者对地球资源和环境问题的愈发重视，社会上出现了对清洁能源、资源节约、环境优化等的需求，这表明消费环保已自觉内化为对现代社会的新市场需求。使用权共享的方式对整个社会群体的思想和社会市场活动都有一个循环利用的导向，这种消费、生产理念的内化具有重要的绿色发展意义。

2. 从消费者及生产商对资源的利用方式上看，在共享经济的推动下，消费者开始意识到自己需要的只是产品和服务的使用权，资源的拥有权并不是必要的，只要实现物尽其用即可。而生产厂商也逐渐将关注的重点由仅局限于产品设计、制造销售扩展到整个产品生命周期，企业的责任贯穿制造的始末，涵括产品消费回收的终端，这就从整个生产、流通环节改变了传统的资源使用方式，促进了单项资源的高频次重复使用。消费者对产品和维护与生产者生产产品的过程都更加注重产品的可持续使用和循环利用，这在资源紧缺的现代社会具有重要的战略意义。

总体来说，无论是从理念上，还是从实践上，共享经济都切实推动了社会生产的绿色低碳转型，使得绿色发展、循环使用理念深入人心，对打造清洁美丽世界、构建人类命运共同体具有重要的意义。

第五章 共享经济理念的引领作用

在新时代共享经济理念的引领下，共享经济通过实现社会资源的从私有到公用，在很大程度上可以化解市场经济的过度生产、过度消费、过度污染等问题；共享民本的理念、统筹协调的思想可以提高资源配置效率，促进创新创业，解决就业民生等问题，推动经济绿色发展，从而有效解决分配不公、失业难题以及区域经济发展不协调的问题；以人民为中心的共享理念凭借其包容性和开放性促进了社会各种经济业态的更具活力的发展，共享经济使用权共享的方式实现了知识资源的分享，促进市场主体平等地参与市场活动，赋予其自主进退的权利，一定程度上摆脱人对于物的依赖，促进人们更加健康自由全面发展。

一、化解产能过剩引领经济新常态

当下全球经济发展速度放缓，资本主义国家由于生产资料私有制的形式存在根本的经济危机，而即使是在社会主义国家，当前也一定程度上存在生产和供给不相匹配的产能过剩问题，这是在资源紧缺条件下全球经济健康发展的一大制约因素。新时代共享经济发展理念，是在新经济形态下对中国经济发展的最准确判断和对全球经济可持续发展的正确建议，其五大发展理念具有极强的前瞻性和引导性，创新协调发展理念可以从生产供给的角度，统筹全局、创新协调，抑制市场中盲目的过度生产趋向；绿色共享的发展理念可以从消费角度，倡导循环使用和共享使用，反对资本主义提倡的过度消费；低碳健康的发展理念是对当下严峻的环境问题和资源约束问题提出的有效的可持续发展思想，关系到经济的持续发展、健康发展。在这三个层面的思想引领，对于解决资本主义经济危机弊端提供了一个良好的实现路径和解决思路。

（一）创新协调发展理念抑制过度生产

以资本主义为代表的纯粹市场经济形式，其自发性弊端导致在纯粹市场的力量下，不可避免地存在资源浪费、过度生产的倾向和经济危机频发的现象，这是由资本的逐利性和市场的自发性共同导致的问题。马克思认为，在资本主义私有制形式下，不可避免地存在生产过剩的问题。在这种私人占有形式下，“生产劳动的目的不是为了工人的生存，而是剩余价值的生产。所以一切不生产剩余劳动的必要劳动，对资本主义生产来说，都是多余的和没有价值的。”这就导致生产资料所有者会盲目追求剩余价值的扩大以加速资本积累，整个社会生产的无政府状态变成一种迫使各个工业资本家不断改进自己的机器、不断提高机器的生产能力的强制性命令，“大工业的巨大的扩张力，现在在我们面前表现为不顾任何反作用力而在质量上和数量上进行扩张的需要。”[①] 这种供给的单方面增多，与需求的滞后性之间的矛盾会直接导致市场层面的整体生产过剩。

对于资本来说，要实现资本增值就要进行剩余价值的不断扩大，单个企业无法看到整个社会层面的生产过剩问题，意识到供给和需求之间的不匹配需要很长的时间，因而在一定时间范围内，生产过剩、经济危机爆发、调节不断周而复始，构成了经济增长的一个又一个波动点，因而政府宏观调控的重要性尤其突出，很多时候政府扮演的都是传递供需信号，防止生产过度发展，及时调控社会资源的角色。

---

① 《马克思恩格斯选集》第 3 卷，人民出版社 1995 年版，第 626 页。

以创新、协调、绿色、开放、共享等新发展理念、共建共治共享以及构建人类命运共同体等思想为核心的新时代共享经济理念，能够助力解决资本主义经济危机的弊端，对于中国社会主义市场经济体制来说，可以有效地防止社会生产大范围脱离社会总需求。

1. 以协调、开放为核心思想的共享平台的构建，通过现代通信技术的支持，通过平台上资源的多对多匹配，能够有效提高市场配置资源的效率和合理性，引导人才、资金等资源流向真正有发展空间的领域，缓解部分领域投资过热和其他领域投资不足的问题。同时也可以宏观统筹平台上供给和需求的匹配，有效地传递供需信号。

2. 创新发展理念以及合作共赢的思想，打破了企业单个主体的创新形式，促进实现开放式创新，这种共享平台吸收了社会各界人员加入企业创新，解决实际创新问题，包括科研机构、个人、同行企业等多个主体都可以参与开放式创新，因此创新的效率是更高的，有效的创新能够通过变革管理方式、生产技术等形式替代原有生产模式，淘汰落后产能，防止落后生产能力的不断扩散，有助于解决过度生产的问题。

（二）绿色共享发展理念反对过度消费

对财富的无限制追求是资本主义发展的一个主要动力，它具体表现在对资本利润的获取，而要完成剩余价值的获得，需要消费这一生产环节来最终实现。伴随着过度生产逐渐出现的是过度消费倾向，技术进步导致劳动生产率的大幅度提高和产品的过剩，而利润的获取又必须依赖于商品的最终交换，即产品有消费者购买。因此，资本家越来越重视消费者的消费欲望，这种消费欲望对实现商品交换、完成商品生产者对剩余价值的攫取具有重要的作用，这种情况在战后西方更是突出。逐渐的，马尔库塞、弗洛姆等人看到，鼓励和扩大国民的消费需求，成了资本主义良性运行的条件之一。为达此目的，消费者的欲望、需要和情感便成为资本作用、控制和操纵的对象，并变成一项欲望工程或营销工程。因此，今天的生产已经不仅仅是产品的生产，而同时是消费欲望的生产和消费激情的生产，是消费者的生产。只有“生产”出一批有消费欲望和激情的消费者，产品才能卖得出去，商品生产的目的才能实现。此外，从社会文化角度看，很多人把消费看作是获得愉悦感的一种方式，将奢侈看作是身份、地位的象征，看成是个人荣誉的体现，非常在意个体的获得感和被尊重感，逐渐的，消费越来越偏离其满足个体需要的本质，而是变成了一种过度消费的生活方式，“消费主义是指这样一种生活方式：消费的目的不是为了实际需求的满足，而是不断追求被制造出来、被刺激起来的欲望的满足。”① 消费主义本质上不是为了满足人类的生产、生活需要而诞生的正常现象，而是与资本主义过度生产相并行的盲目阶级财富积累过程，会导致社会阶层差距的进一步拉大和社会资源的快速消耗和浪费。

新时代下绿色低碳发展理念、共享发展理念等思想，从人民群众的根本利益以及经济社会的可持续发展角度出发，统筹考虑了整个人类命运共同体的现在以及未来利益，反对奢侈浪费的消费主义。与习近平总书记健康发展理念相适应，共享经济以资源的使用权流转为本质特征，强调使用而不占有，注重满足全体人民的消费需要而不是过度喧嚣消费主义，共享经济鼓励大规模存量资源的深度挖掘和再利用，这一经济发展路径以低投入、高效益的优势迅速赢得了消费者的青睐，人们的消费观念升级，不再希望拥有规模化和一次性的硬资产，不再拘泥于资源拥有数量的多寡竞争，而是通过租车、租房等方式消费资产的使用权，同一个硬性的固定资产满足更多人的消费需求，产品的价值在更多人的公用中得到充分发挥，社会不再因过度生产而滞销大量的产能，资源的循环利用既充分发挥了单项资源的价值，同时也节省了额外生产资源的投入，促进了对社会资源的节约和经济的健康持久发展。

---

① ［法］让·鲍德里亚：《消费社会》，刘成富、全志钢译，南京大学出版社 2001 年版，第 68 页。

（三）低碳健康发展理念解决环境问题

对于资本主义生产来说，伴随着生产的无限扩大和消费主义的盛行，对资源的浪费和对环境的污染也相伴而行，市场的盲目性和资本的逐利性，导致在资本主义体制下经济的发展是短视且盲目的，人们对工业高度发达的负面影响预料不够，预防不利，导致了全球性的三大危机：资源短缺、环境污染、生态破坏。资源与环境的问题，当下以大气污染、全球气候变暖，以及化石能源短缺为典型代表，由此引发的雾霾天气、极端气候状况、龙卷风频发以及石油价格飙升，甚至是中东地区频发的动荡战争，都是工业不健康发展而引发的资源与环境问题在社会层面上的表现。从经济学角度看，单个企业受限于企业发展的周期以及个体的逐利性，并不会主动承担过多的社会责任，对于环境破坏而获得的企业利益依然会采取追逐的态度，如何在有限的资源条件下获得更高的经济发展速度，历来是经济学研究的热点问题。人口问题、人口数量的多少是支撑一个国家经济取得更快增长的重要因素，这也是中国能够成为第二大经济体的关键因素。而与此同时，与中国庞大的人口基数相对应的可供利用资源并不多，要想保持经济的持续增长，人口数量也要保持相对应的合适的增长率，但是资源总量的增长速度，尤其是个别不可再生资源的存量，是极其有限的，分摊到个人身上更是十分珍贵且稀缺，经济发展、资源与环境问题以及人口因素是中国作为一个人口大国和经济大国必须统筹考虑的重要问题。

绿色低碳发展理念与构建人类命运共同体的思想是具有极高的前瞻性和现实需求性的，绿色低碳发展理念指导中国经济发展向着节约型、环保型经济发展，同时推动了新型能源、新技术、新材料的发展以及循环经济业态的形成。资源共享的思维，以共享经济为代表：

1. 从消费角度来看，共享经济从根本上矫正了传统工业经济一直以来鼓励的私人占有、过度消费文化。随着消费者对地球资源和环境问题的愈发重视，社会上出现了对清洁能源、资源节约、环境优化等需求，这表明消费环保自觉已内化为现代社会的新市场需求。

2. 从生产角度看，相比于传统经济以牺牲环境为代价的粗放型发展模式，清洁生产更注重精细化的科学运营，并以集约型的增长方式，走共享经济下的内生增长道路，着重调整产品结构、革新生产工艺、优化生产过程，实现节能、减排、降耗、增效、绿色的生产目标，最大限度地提高资源的利用率，低碳健康绿色发展是现代社会条件对我国经济发展的要求，也是实现经济更持久、更健康发展必须要贯彻的理念。

二、化解不充分不平衡发展问题

党的十九大报告指出，“中国特色社会主义进入新时代，我国社会主要矛盾已经转化为人民日益增长的美好生活需要和不平衡不充分的发展之间的矛盾”。这一论断恰当地指出了当下中国经济发展的关键问题所在。目前，中国社会生产力水平总体上显著提高，社会生产能力在很多方面进入世界前列，但是发展不平衡不充分的一些突出问题尚未解决，主要表现在发展质量和效益还不高，创新能力不够强，实体经济水平有待提高，生态环境保护任重道远；民生领域还有不少短板，脱贫攻坚任务艰巨，城乡区域发展和收入分配差距依然较大，群众在就业、教育、医疗、居住、养老等方面面临不少难题这几个方面。创新、协调、绿色、开放、共享的发展理念及共享经济发展思维，坚持以人民为中心的基本立场，充分认识到了中国经济发展的不平衡不充分问题，能够在社会整体层面提升人民福祉，完善收入分配，统筹协调区域、城乡发展差距，助力解决就业问题，对于化解经济发展不充分不平衡的社会矛盾等问题具有重要的指导意义。

（一）共享民本思想完善收入分配方式

无论是在经济发展水平比较高的西方国家，还是在像中国这样的发展中国家，收入分配领域都存在着大量的不公平现象，资本主义分配制度中财富的分配过多倾向于资本要素，其分配制度是剥削劳动要素的经济发展模式。目前，中国实行按劳分配为主体、多种分配方式并存的制度。把按劳分配和按生产要素分配结合起来，可以调动各方面的积极性，但是当前的确存在收入差距扩大的问题，收入水平最高的前20%数量的居民，2016年的人均可支配收入为59259.5元，遥遥领先其他80%的人群，无论从哪个方面分析，居民收入差距过大对国民经济的长期发展都是不利的，尤其是在当下对外出口和投资两驾马车都动力不足的情况下，收入差距过大首先影响的就是普通居民的收入水平和可支配水平，进而抑制内需的扩大，还可能影响经济结构的进一步优化。因此，中国在社会发展的各个层面都注重强调调节国民收入分配，比如优化再分配环节、合理运用财税工具、加快城镇化步伐以及推进基本公共服务均等化等等。

从新时代共享经济理念的涉及范围来看，在共享民本思想的指引下，共享经济的发展以为群众提供廉价消费品、缩小社会收入以及消费差距为核心理念，低成本和多维收入同时作用下社会阶层之间的收入分配，会为居民的生活水平提高提供更多保障。

1. 从为大众消费服务的角度来看，对于一般边缘国家而言，奢侈品生产部门和出口生产部门是主导性的经济部门。其中奢侈品生产部门为国内富人服务，出口生产部门为国外服务。由于不重视群众消费部门和设备生产部门，这样的经济结构既不能满足国内多数劳动者的需求，又不能实现工业化来摆脱边缘的依附地位。中国需要的是以普通大众为主要服务对象的国内市场能够优先发展，并以群众消费部门的繁荣为基础来促进设备生产部门的发展。共享经济通过对资源的使用权多次循环利用，降低了单次消费的边际成本，因而注重以消费体量而不是价格盈利，因此适用于中国广大的普通大众。

2. 从为普通大众增加收入的角度来看，共享经济的出现，为市场主体拥有的多种价值产品提供了获得收入的平台。以问答论坛为例，对于向论坛提供知识与回答的资源供给方，论坛平台会根据资源的需求与价值给予一个大概的付费范围，资源提供者可以凭借其自身的学识、盈余认知收费，这是除按劳分配之外重新获得的盈利途径。此外，知识价值的重要性凸显，创意、点子、管理措施、咨询服务等相关产品和服务的衡量都以价值为尺度；农民、农户可以将农产品通过共享平台进行准确销售，剔除中介环节，实现盈利收入。这些新型盈利途径的出现极大地丰富了按劳分配的分配方式，为居民提供了多种获得收入的途径。

（二）统筹协调缩小区域、城乡发展差距

当下中国经济发展不充分不平衡的另一个典型表现体现在区域、城乡发展差距上。从区域发展来看，1978 年，中国城乡居民的人均可支配收入分别为 343.4 元和 133.6 元；到了 2017 年，城乡居民的人均可支配收入各自上涨至 36396 元和 13432 元，分别是 1978 年的 106 倍和 100.5 倍。从城乡居民历年可支配收入的差距来看，1978 年为 209.8 元，到 2017 年已经攀升至 22964 元。从城乡发展情况来看，国家统计局数据显示，2017 年全国各地区居民人均可支配收入最高的前 5 个省市分别为上海、北京、浙江、天津和江苏，而最低的 5 个省市分别为西藏、甘肃、贵州、云南和青海。其中，人均可支配收入最高的上海为 58987.96 元，最低的西藏仅为 15457.9 元，仅比上海的四分之一略高，收入差距可见一斑。区域、城乡发展的差距，首先表现在社会资源的分配不均上，包括教育、医疗、卫生、基础设施、就业机会等资源，存在明显的东部优于中西部、城市优于农村的趋向。除此之外，对于偏远地区的居民生活与生存来说，基础设施及经济环境的落后会进一步加剧其创业、谋生的难度，层层中介环节的剥削，使得运送到当地的物资价格更加高昂，改善生活水平的努力变得更加辛苦，区域城乡之间的差距进一步拉大，这种现象，在经济发展加快的现代社会影响更大，更为严峻，因此，在中国加速步入新阶段的时候，尽快解决区域发展差距的问题显得尤为迫切。

新时代共享经济理念，强调经济社会发展的协调性和一致性，坚持以人民为中心的发展原则，通过共享发展加速城镇化进程，切实使得全体人民共享经济发展的成果。

1. 在促进资源统筹配置方面，以共享经济为例，共享经济这一商业模式，不是仅仅局限于共享单车这一企业，而是这种协同合作的共享平台构建思维，能够低成本、低门槛地吸引人才、资金等资源流向原本难以触及的地方，比如共享农庄的构建。共享农庄模式在不改变土地所有权的前提下，利用闲置农宅院落、闲置土地及“四荒地”，对农庄产品和农庄整体进行设计规划打造现代农家院落，整合农副产品、住宿、餐饮等旅游服务业，农民在这个过程中可以获得农庄租赁 / 出售收益回报、资本运作及收益分成，以及农产品、旅游度假产品销售收入。共享经济实质上是以出让资源使用权来换取更多资源集聚的商业模式。

2. 共享平台的作用是实现了去中介化和再中介化。共享经济通过共享平台这一全新的中介形式，实现了对传统食利阶层的剔除，省去了传统商业组织这一中介环节，降低了交易的时间成本和物质成本，在节约成本的同时，减少了信息和资源流通所需的时间，几乎无中间商的交易方式也避免了信息和资源在传输过程中的破坏，加速了资源和信息的流动，这对于信息不发达的边缘地区来说，无疑是重大的利好。共享经济的内在运作，实现了社会资源更大范围的流转，从而推动偏远地区对社会先进资源的利用，逐步缩小区域、城乡发展差距。

（三）自由灵活就业促进解决民生问题

新时代共享经济理念强调在发展中保障和改善民生。习近平总书记指出，人民对美好生活的向往，就是我们的奋斗目标。新时代共享经济理念强调，要让改革发展成果更多更公平地惠及全体人民，朝着实现全体人民共同富裕不断迈进。增进民生福祉就是社会主义经济发展的根本目的，而就业正是最大的民生工程、民心工程、根基工程。新时代中国强调要坚持就业优先战略和积极就业政策，大规模开展职业技能培训，注重解决结构性就业矛盾，鼓励创业带动就业。提供全方位公共就业服务，促进高校毕业生等青年群体、农民工多渠道就业创业。破除妨碍劳动力、人才社会性流动的体制机制弊端，使人人都有通过辛勤劳动实现自身发展的机会。

完善政府、工会、企业共同参与的协商协调机制，构建和谐劳动关系，努力让劳动者实现体面劳动、全面发展。可以说，就业问题直接关系到国计民生，尤其是在中国这样一个人口大国，更加需要能够带动全体人民共同发展的经济形态，以促进实现大范围就业、公平就业和人的劳动力资源、智力资源全面发展。

新时代共享经济理念，在就业与改善民生方面，注重就业结构的协调性、公平性和全民普惠性，在这一理念的指导下，共享经济恰逢其时解决了大众就业难的问题，也在最大程度惠及全民的情势下取得了迅速发展。共享经济创造的就业岗位是自雇型灵活就业模式。在共享经济模式下组织中的雇佣关系变得灵活松散，组织与个人突破纯粹的雇佣关系并成为合作者。个人可能不只是一家企业的员工，可能服务于多家企业，也就是共享经济的“零工经济”模式。因此，每一位社会公众，只要有可供分享的资源，诸如闲置房屋、闲置车辆等都可以通过共享经济平台进行分享；对于组织来说，共享的模式也可以让企业在人力资源管理上更加灵活。社会上所有的人才在一定机制下，都可以为企业服务。每个技术人员都可能进入企业的研发队伍；每个个体都可能为企业开拓市场。共享经济改变了传统的劳资关系，为创新创业个人和团队提供灵活的雇佣方式，使人们脱离了集权化、等级式的科层体系，拥有闲置资源的个人可以根据时间、兴趣以及擅长的方式提供商品和服务，创业就业者享受对时间、收入、自由的控制，在这种雇佣模式下，同时作为生产者和消费者的个人被这种就业方式和自己做老板的机会所吸引，参与热情更加高涨。并且，共享经济提供的就业岗位大多数是面向普通大众的岗位，因此能够更好地惠及所有民众。虽然共享经济的发展存在很多问题，也不能从根本上解决贫富差距过大的问题，但是它的出发点是极其具有借鉴意义的，这是一种为普通大众服务的经济形式，平台的扩大化和使用权的重复利用对大众来说，虽然不能对个体起到颠覆性的经济状况改善，但是共享经济带来的大范围受益群体的诞生，这种价值是不可低估的。

三、促进人民的自由全面发展

以人民为中心是新时代坚持和发展中国特色社会主义的根本立场，把人民对美好生活的向往作为奋斗目标。“治国有常，而利民为本。”习近平总书记指出：“党的一切工作，必须以最广大人民根本利益为最高标准。”“不断解决好人民最关心最直接最现实的利益问题，努力让人民过上更好生活。老百姓对美好生活的追求，就是我们的努力方向。”① 以习近平同志为核心的党中央始终秉持以人民为中心的发展思想，以造福人民为最大政绩，从群众最关心的问题入手，把民生疾苦放在心头，在更高水平上不断满足人民群众日益增长的美好生活需要。马克思认为，人的自由全面发展是对自我异化的扬弃及人的本质的真正复归，这是马克思对于未来实现了生产力高度发达基础上的公有制之后的对人的素质的生存状况的期望，是我党以人民为中心的出发点的理论支持和本质体现。新时代共享经济思想强调造福人民、服务人民，在其思想的引导下，共享经济能够为人的更加自由、全面发展提供实践路径，共享经济通过对知识资源的共享扩大了社会智力资源的流动范围和可获得性；以平等参与、自主进退的参与形式弱化了经济活动中契约对人的约束；资源使用权共享的形式强化了资源的有用性而非占有性，使得人能够在形式上逐渐尝试摆脱对物的依赖。

（一）知识资源共享提升我国国民素质

“人的全面发展”是共产主义社会的基本特征之一，这一马克思主义原理的中国化是通过制度化得以实现的，尤其是教育制度的不断制定和完善。在新时代，习近平总书记强调，教育是对中华民族伟大复兴具有决定

① 中共中央文献研究室：《习近平关于社会主义建设论述摘编》，中央文献出版社 2017 年版，第 4 页。

性意义的事业，建设教育强国是中华民族伟大复兴的基础工程。必须把教育事业放在优先位置，深化教育改革，加快教育现代化，办好人民满意的教育。要全面贯彻党的教育方针，落实立德树人根本任务，发展素质教育，推进教育公平，培养德智体美全面发展的社会主义建设者和接班人。推动城乡义务教育一体化发展，努力让每个孩子都能享有公平而有质量的教育。加快一流大学和一流学科建设，完善职业教育和培训体系。加强师德师风建设，培养高素质教师队伍。办好继续教育，加快建设学习型社会，大力提高国民素质。但是，中国是人口大国，人口基数大，教育资源要普及到每一个国民身上具有很大的现实意义和艰巨性，教育资源城乡差距、地区差距是当下面临的重要问题和瓶颈，使所有广大人民群众都能够在需要知识资源的时候平等、公平、简易地获得资源，受到教育，是实现人的自由全面发展的重要要求。

“文明发展离不开知识变革和思想先导”，获取充足的知识是人们保持自由全面发展的基础。习近平总书记对教育事业的看重及其共享思想的引领，在现代科学技术的支持下，能够开拓更多促进知识资源分享、流通的形式，知识共享也被单独作为一种资源共享形式在多种场合被提出。习近平总书记在“南南合作圆桌会”提出要在知识共享层面对促进南南合作提供支持；在亚洲基础设施投资银行开业仪式上的致辞中指出各机构可以通过知识共享提高基础设施互联互通和经济可持续发展。

以前，受限于人们的受教育水平较低且共享理念没有被大众广泛接受，资源只能在熟人圈里进行分享，无法创造更大的社会价值。共享经济下，随着受教育水平的提升，那些受过教育并有自由支配时间的人在共享思想的引领下，利用一定的社会平台分享给他人，产生巨大的社会效应。知识共享的提出使知识在全社会范围内流通，提高了社会整体的智力水平。通过这种分享，维基百科、Linux 等成果被创造出来。再比如，群体智慧领域内的知乎、豆瓣网、春雨医生等对高学历精英群体所拥有的知识、技能进行共享与智慧碰撞，使得个体公众得以在工作领域之外凭借自身学识获得自我实现和价值认同，而需要相关知识资源、信息以及服务的个体即能够在开放式的共享平台上获得自己需要的智慧资源。通过诸如百度文库等互联网平台获取学习资料已经成为许多人的日常，新近涌现出来的一种在线课程开发模式 MOOC，以连通主义理论和网络化学习的开放教育学为基础，这些课程和传统的大学课程一样循序渐进地让学生从初学者成长为高级人才。课程的范围不仅覆盖了广泛的科技学科，比如数学、统计、计算机科学、自然科学和工程学，也包括了社会科学和人文学科。慕课课程并不提供学分，也不算在本科或研究生学位里，绝大多数课程都是免费的。慕课这种形式适用于中国教育资源地区分配不均的现实，知识是适用于使用权分享的资源，与共享经济具有天然的契合，共享经济能够为促进智慧资源的分配和可获得性提供良好的途径。

（二）平等参与、自主进退弱化契约约束

新时代共享经济理念以人民为出发点和落脚点，强调抓住人民最关心、最直接、最现实的利益问题。在就业层面，习近平总书记强调要破除妨碍劳动力、人才社会性流动的体制机制弊端，使人人都有通过辛勤劳动实现自身发展的机会。因此，在对待新经济形态的态度上，尽管共享经济的发展存在诸多的体制监管问题，影响范围大，商业模式新，但是国家在《关于促进分享经济发展的指导性意见》中强调要对共享经济的监管采用“鼓励创新、包容审慎”的监管原则。在个体发展层面，新时代共享经济理念鼓励多种形式的灵活就业和创新创业，提倡以创业带动就业。可以说，当下中国民众在选择职业的时候有更加灵活丰富的形式，可以充分发挥个体的聪明才智特长，这对于实现人的自由和全面发展来说，提供了良好的思想引领和外部环境支持。

在新时代中国特色开放、包容的共享理念的引领下，共享经济等新兴业态取得了长足的发展，社会主义市场经济形式更加丰富多彩。参与共享经济的主体由于共享经济平台的低门槛性和不完整契约性，能够更加自由、自主、平等地参与市场经济，弱化完整契约的约束。在现实市场经济活动中签订一个完全契约的成本十分高昂，这些成本也是阻碍市场提升资

源配置效率的原因，而共享经济模式具有交易数量大，交易金额小、以平台交易为主、交易方及时匹配、交易即时成交等特点，这就能够降低签订完全契约的成本。共享经济越活跃，对提高经济活动效率的要求也就越迫切。在分享使用权的模式下，经济活动参与方无须签订一个完全契约，只需要就重要的经济活动的事项订立契约即可。共享经济平台的参与主体大多数以兼职的形式参与经济活动，基于互联网平台的包容性和开放性、共享经济模式下资源形态的多样性和资源边界的模糊化，共享经济平台以其准入模式的简单化和退出机制的自主性为所有拥有闲置可供利用资源的参与主体提供了平等的参与机会，剔除了行业垄断壁垒的存在。共享经济平台的出现，极大地改变了社会就业结构，导致了大量自由职业者的出现，同时也为社会各阶层人才提供了多种多样的兼职机会，使个体得以在共享经济平台自由进退，更加灵活地调整自己的工作时间、工作计划、工作方式。在传统模式下，个体能力是有限的，个体必须在组织范围内获取有效资源才能实现自身价值，但是在产业互联网时代，个体具备极强的主动权和积极性，个体价值得到极大的提升，共享经济可以让从业者比较自由地进入或退出社会生产过程，减轻了个人对社会的依赖。契约的诞生有利有弊，既可以对参与经济活动的交易双方形成保护，同时也提高了参与经济活动的门槛，赋予人民更加灵活、自由、平等的就业模式。

（三）使用权共享方式摆脱人对物的依赖

中国的体制是社会主义国家，坚持以马克思主义理论为指导。马克思认为，资本主义所有制下“为生产而生产”的生产方式，始终将生产过程以及整个社会中的劳动者置于“物”的统治之下，人在这种所有制关系中，由于分工专业化的存在，为了提高生产率不可避免地存在单项工作的重复劳动，个人终其一生，只掌握单项技能，为了生存而工作，而非为实现自身价值而工作，劳动工作的枯燥性较高，没有实现全方位的发展和个性的解放。在资本主义私有制的经济体制下，人们普遍的观念是将资源的所有权等同于资源的使用权，即拥有则使用。资本主义体制下人们将拥有资源视为一种追求自由的权利，而这种权利实际上具有将其他人排除在外的排他性。同时，对于社会主义国家，马克思也反对共产主义把“物质的直接的占有”看作“是生活和存在的唯一目的”。中国在坚持生产资料公有制的同时，也保护公民的合法私有产权，二者是不同范畴的概念，并不存在内在的矛盾问题。

共享理念，具有丰富的内涵，是在活跃多种经济形式条件下对社会资源公有、公用、共享的鼓励和提倡，符合中国人民的自由发展需要。共享经济的公用性可以理解为人人都可以低成本、甚至免费使用共享资源，即共享资源为大众所公共地享用。伴随着使用权与所有权相分离，所有的资源都可以成为具有公用性质的资源，人人都能使用，成为对共享经济理念的最佳诠释。共享经济这种强调使用权的产权本质为参与共享经济的所有市场主体都提供了实质上的自由，这种实质自由指的是市场总体摆脱了“唯数量论”的生产驱动，同时市场个体也不受占有一般性资源的束缚，从占有资源导向变为满足需求导向。比如，哈罗、青桔，以及曾经的 ofo、摩拜（现美团）的盛行，即是共享经济赋予市场主体人身自由的典型体现，这种共享类单车的出现，使得人们能够随时随地满足自己的出行需要，同时也无须进行自行车购买与维护，从而可以将个人财富用到别的用途上，使得个体的生产、生活更加精简。对于现代人们来说，共享经济能够从根本上改变人们对市场活动、对消费活动的看法，弱化消费者对资源的占有意图，资源的排他性让位于资源的公用性，广大人民群众既能够节省盈余资金，同时可以将财富更多地用于个人发展与提升方面，或者是购买排他性的体验性服务。应该说，共享经济这种只求使用、不求占有的消费理念是超前的，是能够在形式上实现一定程度的社会主义公有公用的。并且，共享的理念能够为民众带来分享意愿、利他精神、互惠平等、集体意识等成就感和获得感，对于促进人的自由和全面发展具有重要意义。

第六章　共享经济战略的产生

新时代共享经济战略的产生基于共享经济理念的引领、共享经济的蓬勃发展和更广阔的发展空间。实际上，新时代共享经济战略主要以新时代下供给侧结构性改革战略以及创新创业战略为主，其理念核心是前述共享、创新的理念，应该说蕴含共享经济战略思维的举措从 2003 年起即有体现，从"八八战略""一带一路"倡议开始，到 2015 年明确提出发展分享经济、"十四五规划"和"2035 远景规划"中促进共享经济健康发展，这其中都蕴含着新时代下习近平总书记和国家对共享经济的认识和推动共享经济发展的战略举措。本章着重回顾和划分新时代共享经济战略的产生及其发展阶段，将新时代共享经济战略分为引导期、倡导期和重大方略期三个阶段。

一、共享经济战略产生的现实背景

近年来，共享经济、平台经济等新经济、新业态的发展带来革命性的变革，成为经济持续发展的增长极，中国正处于重要的战略机遇期。同时，在当今全球经济发展普遍处于低迷的状态下，共享经济正以迅猛的增长态势向各行各业渗透，全面渗透社会经济生活的各个方面。在习近平总书记共享经济理念引领、中国特色社会主义进入新时代的特殊背景下，新时代共享经济战略应运而生，共享经济逐步成为经济社会发展新的增长点，新时代共享经济战略逐步发展完善。

（一）新经济发展带来革命性的变革

新一轮的科技和工业革命促进了新经济的产生和发展，新经济是区别于传统经济的一种新的产业和经济形态。早在 20 世纪 90 年代，信息化和全球化的发展使得美国率先进入以低通胀、高增长、低财政赤字和低失业率为主要表现的新经济时代。进入新世纪以来，信息技术和智能制造使战略性新兴产业和高新技术产业发展成为新经济的主体，互联网和智能化逐渐成为时代的代名词。

新经济的影响范围十分广泛，在世界各地都发挥着极其重要的作用。就其本质而言，新经济是以知识创新为核心，以信息化和智能化为标志，与高新技术发展和企业经营管理模式转变相联系的一种新形态、新产业和新技术。移动互联网、大数据等信息技术的高速发展，智能制造、3D 打印等智能技术的广泛应用，都将新经济推向各行各业，由此产生了许多新型的产业和经济形态。

新经济已经成为中国经济体制变革中的革命性因素，党和国家高度重视新经济的发展并陆续出台了相应的鼓励政策以提供强大的动力支持。2015 年 3 月 5 日，李克强总理在《政府工作报告》中就提出要支持大众创业、万众创新，鼓励新市场的培育以及新业态的打造，从而为新经济提供强有力的发展动力。2015 年 11 月 15 日，在“二十国集团领导人第十次峰会”第一阶段会议上，习近平总书记提出：“无论是在国内同中国企业家交流，还是访问不同国家，我都有一个强烈感受，那就是新一轮科技和产业革命正在创造历史性机遇，催生互联网 +、分享经济、3D 打印、智能制造等新理念、新业态，其中蕴含着巨大商机，正在创造巨大需求，用新技术改造传统产业的潜力也是巨大的。”① 由此可见，在这个新的历史

---

① 习近平：《创新增长路径　共享发展成果》，《人民日报》2015 年 11 月 16 日。

条件下，习近平总书记对新经济的出现持有积极的发展态度并一再强调对历史契机把握的重要性。

中国新经济近年迎来快速发展浪潮，创造性地破坏、颠覆性的技术使新型经济模式层出不穷。信息技术和智能制造的发展不仅体现在新兴产业和创新领域，在农业、工业和服务业等传统产业中也发挥着不可替代的作用，零成本、众力量、轻资产等逐渐成为当下生产生活方式和社会经济模式的新特征。电子支付、网上购物、4G 通信等新技术正在以迅雷不及掩耳之势创造和改变着人们的生活方式，越来越多的人享受到数字化所带来的便利。

新时代背景下，世界上各国之间的综合国力竞争日渐激烈，新一轮的科技和工业革命正在兴起，高素质人才资源和信息技术发展变得尤为重要，资源的过度浪费和产能的无效闲置也迫切需要产生一种新的经济形态来解决。在技术条件和现实需求的作用下，以全要素、全时空、全开放为主要特征的共享经济开始在世界经济舞台上扮演重要的角色，众包、众创、接入、租赁和协作等实现方式也正在蓬勃兴起。这种绿色可持续的经济发展方式使共享经济受到越来越多的关注和重视，虚拟与现实的深度融合也将助力共享经济向前发展。

（二）中国发展处于重要战略机遇期

早在 2014 年 5 月，习近平总书记在河南考察时就指出“中国发展仍处于重要战略机遇期”。在日益激烈的竞争环境中，中国经济处于矛盾叠加和转型升级的重要时期，而新经济的出现为中国经济转型升级提供了助推器。但值得注意的是，在前几次科技和工业革命时期，中国多次错失发展机遇造成经济上处于落后地位，所以在新一轮新经济发展时期，中国需要从战略的高度谋篇布局，总结过去的经验，紧紧抓住这一发展机遇实现“弯道超车”，从而加快发展新经济，培育经济增长新动力。

面对国际复杂的经济形势和国内突出的发展问题，党中央做出中国经济运行进入全方位多层次新常态的重大判断，这是一种趋势性、不可逆的发展状态。当前中国经济发展的阶段性特征突出表现在经济增速由高速向中高速转换，强调质量和效益，这种由于环境承载能力不足以及资源配置效率低下所引起的增长方式转变为发展共享经济创造了条件。与此同时，为实现在新一轮科技和产业革命中经济的高质量发展，新旧动能转换成为关注的重点问题，加之当前正处于新旧动能转换的关键阶段，经济呈现出综合性、多层次的特点。随着信息化和全球化的发展，新动能在传统旧动能的基础上不断成长，为突破发展瓶颈和增长制约因素提供了有利条件。

为确保中国在2020年实现全面建成小康社会的奋斗目标，以习近平同志为核心的党中央提出和确立了“四个全面”战略布局，旨在统领经济发展的战略方向和实施脉络，真正实现经济、政治、文化、社会、生态文明建设五位一体全面发展。早在2010年，中国就已超过日本成为世界第二大经济体，在此期间经济总量不断增加、经济实力不断增强，完善的产业配套体系、发达的基础设施建设使中国拥有实现全面建成小康社会的支撑性条件。充足的专业技术人才、互联网技术的推广和应用更为企业降低成本、实现绿色健康发展创造了条件。以信息化和全球化为主要特征的新经济发展所带来的并不仅仅是传统生产生活方式上的转变，其最重要的作用是能够产生在传统产业和经济形态中根本无法想象到的资本增值的奇迹。

依托于互联网技术的飞速发展，共享经济凭借低成本、高效率的特征逐渐占据当前世界经济发展主流。共享经济强调资源使用权的重复交易。这种在平台上实现供需双方高效对接的新商业模式使闲置资源的利用率提升到最大，并创造出巨大的社会财富和价值。现阶段，中国的经济发展正处于重要的战略机遇期，该时代下产生的共享经济已经成长为全球最活跃的新经济形态，在多方参与、协作共赢理念的指导下，共享经济从最初以出行为代表的服务业快速渗透到了制造业等国家基础和支柱性行业，进而创造出巨大的经济和社会价值。依靠强大的优势特征和独特的实现方式，共享经济在中国的发展之路不断拓宽，我国积极发布政策红利促进共享经济向着更好的方向发展。

（三）共享经济是转型升级重要动力

现阶段，中国经济发展已经步入新常态。在 2014 年 12 月召开的中央经济工作会议上，习近平总书记就已明确指出新常态下中国经济发展的行动指南是认识、适应和引领新常态。在此背景下，如何实现认识、适应和引领新常态，推动经济转型升级是促进中国经济又好又快发展的重要因素。这一时期出现的共享经济为推动中国经济实现转型升级提供了新的发展思路。

共享经济是中国经济转型升级的重要动力，共享经济之所以能实现平稳发展得益于互联网技术和数字经济强有力的支撑。新兴互联网技术的发展加快了信息的传播速度，降低了信息的获取成本，这使得供需双方之间的信息不对称问题大大减少，除此之外，数字经济强调的普惠共享思想也为共享思维奠定了基础。共享经济借助数字化信息平台和多产业融合实现资源的开放共享，从而实现降成本、去库存、去过度产能等目标。由此可见，共享经济必将在不久的将来成为中国经济发展新的增长极。

事实上，为引领经济发展新常态，改革是方法，创新是手段。在 2016 年 12 月中央经济工作会议上，习近平总书记就曾指出要开辟新的发展路径，进而激发经济发展潜力，引领经济发展。共享经济作为一种新兴业态和经济发展方式，在激发创新创业活力、开辟新型经济发展路径方面发挥着重要的作用。共享经济的一大特点就是高度平台化，这种互联网平台可以将不同企业优势资源进行整合，供需双方只需付出较少的信息搜寻成本就可以各取所需，从而可以将剩余资金用于技术改造和新产品研发，提升创新能力。这一优势作用在制造业中表现尤为突出，共享平台可以整合制造企业之间的闲置生产能力，高效对接供给方和需求方。

共享经济利用强大的资源整合能力参与到社会资源从生产到分配整个生产过程中各阶段，实现社会闲置资源的效用最大化。共享经济强调在供给和需求两端同时进行革命，借助互联网平台，实现供给和需求的高效互配，从而提高整个社会消费者的满意度。共享经济的有效发展，将加速中国供给侧结构性改革以及经济发展转型升级，这一新经济形势有助于转变传统的生产经营模式和消费观念，节约资源和保护环境的基本理念也符合可持续发展战略的要求。

二、引导期（2003—2014 年）

2003 年，时任浙江省委书记的习近平自参加工作以来首次提到“共享”，主张缩小城乡生活质量差距，进而让所有人能共享现代文明。以此为开端，习近平同志陆续提出“八八战略”“统筹城乡战略”以及“一带一路”倡议等在内的一系列体现共享理念的顶层战略规划，这些战略的实施推动了后续新时代共享经济战略的形成和发展。除此之外，这一系列前期战略所发挥的铺垫作用，也为后来中国共享经济的健康发展奠定了坚实的基础。

（一）“八八战略”开启共享发展新境界

2003 年 7 月，在浙江工作期间，习近平同志就在全面总结和深入调查研究的基础上系统阐述了浙江省未来经济社会发展的“八八战略”。这是在浙江省委举行的第十一届四次全体会议上提出的，旨在引导浙江实现改革发展和建设全面小康的宏伟目标。“八八战略”从产生以来就始终是引领浙江发展的总纲领和推进各项工作顺利实现的总方略，该战略着眼长远、纵观全局，开启了共享发展的新境界。从“八八战略”提出到如今，包括该战略在内的一系列新的发展理念关乎浙江省的发展，也成为习近平新时代中国特色社会主义思想的理论源头，用以指导中国未来经济社会发展。

“八八战略”是习近平同志在精准把握浙江省的实际发展状况后提出的，主张发挥浙江省八个方面的优势，推进八个方面的举措，结合国情和现代化建设整体要求构成浙江省改革开放的总体战略。具体而言，就是通过实施一系列相关举措进一步发挥浙江省在体制机制、地理位置、特色产业、城乡协调发展、生态环境、资源和文化等方面的优势作用，将潜在的或处于劣势地位的转化为现实的优势。从 2003 年经济发展状况可以看出，曾经一路高歌猛进的浙江省也遭遇到成长危机，粗放型经济增长方式引起生态环境破坏等问题逐渐突出，在此背景下，“八八战略”便成为引领浙江省实现高质量发展的重要抓手。

从 2003 年起，浙江省着力推动产业集聚区建设，产业向城镇发展的融合建设使浙江省成为中国特色社会主义的生动实践。“八八战略”的深刻内涵始终鼓励浙江省将创新作为第一动力，协调省内优势注重绿色发展，让共享成为根本目的，进而不断提升浙江省的核心竞争力。不断提高城乡居民生活水平是实施“八八战略”的出发点和落脚点，强省和富民相结合可以从根上让广大人民群众充分共享改革发展的成果。

从浙江省的发展轨迹可以清晰看出，“美丽浙江”“法制浙江”“平安浙江”以及“生态强省”等一系列战略布局都是为构建和谐社会、保障人民群众合法权益而生，这也无一不体现出以习近平同志为代表的党中央助力实现全面共享的目标。浙江省持续大力发展信息经济、智慧经济，不断推进大数据、智能制造等新技术的建设。“八八战略”为浙江省的蓬勃发展奠定了战略基础，现阶段新型产业的发展以及新动能的培育正在造就创新创业热度，坚持人民主体地位，动员群众积极参与到经济社会的各项建设中，也助力实现共建共享。

（二）统筹城乡让群众共享改革成果

促进发达地区加快发展、欠发达地区跨越式发展是统筹区域发展的核心，实现区域协调发展的根本目的是缩小地区发展的差异。由于发达地区的综合实力和区域竞争力比较大，其加快发展可以更好地引领和带动欠发达地区的经济发展，这期间形成的新的经济增长点可以为全省乃至全国的经济发展做出贡献，人民群众也可以更好地共享改革发展成果。事实上，城乡一体、统筹发展的核心是解决“三农问题”，也是为了给农民平等的权利，给农村优先的地位而产生，这一战略的实施也将助力提高人民群众的生活水平。

2005 年 8 月 12 日，习近平同志在丽水市举行的欠发达地区发展座谈会上指出："让百姓过上富裕安康幸福的生活，不断提高人民群众的生活水平和质量，是我们发展的根本目的；让不同区域的城乡居民享有基本同等的生活水平和质量，是我们统筹区域发展的出发点和落脚点。"① 在浙江工作期间，为了真正实现区域协调发展，以习近平同志为首的相关领导干部明确了优化全省的生产力和人口布局的目标，包括推动发达地区在更高层次上加快发展、欠发达地区以提高发展能力为核心实现跨越式发展等实施方案，都为促进欠发达地区奔小康奠定了坚实的基础。在上述方案的指引下，浙江省在进行统筹城乡相关工作时积极把握重要着力点和突破口，分类推进探索行之有效的改革模式，切实将发展为了人民、发展依靠人民、发展成果由人民共享贯穿到实践工作的各个环节，不断促进城乡群众共创共享发展成果。

其实，区域之间发展的不平衡和不充分一直以来就是国内外经济发展过程中的普遍现象，区位条件多样、资源要素不均等因素影响着地区之间的发展水平。浙江省素来就有"七山一水两分田"的地貌特征，在该省的转型发展初期，习近平同志就已敏锐地觉察到浙江省发展过程中存在的区域发展不平衡的问题。基于对经济发展规律的深刻理解，在省委十一届四次全会上习近平同志提出"进一步发挥浙江的山海资源优势，大力发展海洋经济，推动欠发达地区跨越式发展，努力使海洋经济和欠发达地区的发展成为我省经济新的增长点"② 这一重要论断，并逐渐促进浙江省形成具有当地特色的区域协调发展机制。

习近平同志曾在工作期间开创性地提出"山海协作工程""百亿帮扶

---

① 习近平：《干在实处，走在前列——推进浙江新发展的思考与实践》，中共中央党校出版社 2006 年版，第 169 页。

② 《指导浙江未来发展的纲领性文件——省第十四次党代会报告解读》，《浙江日报》2017 年 6 月 23 日。

工程”以及“长三角地区一体化”等一系列重大措施，这些措施是在精准把握当地发展现状和内在原因后提出的，也是通过产业带动、市场拉动以及政府联动才得以实现的有效之策。打破分割、形成一体化的发展格局可以让不同地区的城乡居民享受基本同等的生活质量和水平，农村要发展需要依靠亿万农民的不懈努力，为了给农村发展注入新的动力，打破城乡二元结构是重中之重，这样才能让广大群众共享改革发展成果、共同参与改革发展进程。

（三）“一带一路”共创共享发展新机遇

2000 多年前，张骞出使西域开辟了连接欧亚大陆的丝绸之路，随后海上丝绸之路的逐渐兴起使东西方文明交流更加广泛，在这一历史背景上发展起来的“一带一路”倡议正是对合作和共享理念的深刻实践。2013 年，习近平同志在访问中亚和东南亚国家时提出共建“丝绸之路经济带”和“21 世纪海上丝绸之路”的构想，这一构想是在深刻思考中国和世界发展大势后为促进全球共同繁荣而产生，其对于推动世界经济发展具有重要的现实意义。在新的历史时期，“一带一路”倡议得到了社会的高度关注和沿线国家的积极响应，该倡议所带来的共同的发展机会也将促进全球经济向更广阔的空间发展。

依靠“丝绸之路”上经济、商贸和文化的传承和弘扬，共建“一带一路”已经成为中国促进沿线各国加强合作、共谋发展的战略构想。2013 年，国务院总理李克强在参加中国—东盟博览会时强调“铺就面向东盟的海上丝绸之路，打造带动腹地发展的战略支点。”由此可见，“一带一路”倡议是中国在不断剖析国际形势变化的基础上提出的，具有重要的时代背景。实际上，共建“一带一路”的过程中始终以合作包容、互利共赢为主要思路，各国各地区的参与合作将会促进共建成果汇集到更多的区域，和谐包容的文化氛围也将体现各方创意和智慧、充分发挥经济增长潜力。正如习近平在博鳌亚洲论坛 2015 年年会上发表主旨演讲时强调的那样，“一带一路”建设秉持的是共商、共建、共享原则，不是封闭的，而是开放包容的；不是中国一家的独奏，而是沿线国家的合唱。

中国始终希望以开放合作的理念为基础，促进世界各国都参与到“一带一路”的建设中来，因为该倡议着眼于世界各国人民的共同梦想，“共商、共建、共享”的原则不断指导着中国的前进之路。就在世界经济复苏缺乏动力的背景下，“一带一路”正在成为促进全球经济发展的强劲动力。建设领域的不断延伸不仅可以推动构建人类命运共同体，还有助于促进全球化、开放性的全球发展体系的不断完善。自从“一带一路”倡议提出以来，世界上国家和国际组织的积极响应已经使沿线的经济、文化和社会实现了共赢，这些事实也表明，中国一直以来都在倡导全世界的共享，这必将是一条可持续发展之路。

2017 年 1 月，习近平在联合国日内瓦总部的演讲中指出：“在‘一带一路’建设国际合作框架内，各方秉持共商、共建、共享原则，携手应对世界经济面临的挑战，开创发展新机遇，谋求发展新动力，拓展发展新空间，实现优势互补、互利共赢，不断朝着人类命运共同体方向迈进。”① 共建“一带一路”的目标是共创和共享发展机遇，促进世界各国的经济发展。事实表明，该倡议的稳步推进的确为全球经济发展做出了巨大的贡献，不同国家之间力量的合作也将促进责任共担和利益共享。

三、倡导期（2015—2017 年）

从全球来看，英美、欧盟等世界上许多发达国家都已出台多项相关政策措施来推动共享经济的发展。从国内来看，2015 年 10 月，中共十八届五中全会通过了《中共中央关于制定国民经济和社会发展第十三个五年规划的建议》，该建议明确提出“发展分享经济”，这是共享经济第一次被正式列入国家政策层面，反映出党和国家对共享经济的重视，同时表明了

---

① 《习近平在联合国日内瓦总部的演讲》，《人民日报》2017 年 1 月 19 日。

党中央坚定的立场，这也表示共享经济正式成为国家战略规划。此外，在这一时期提出的网络强国战略、国家大数据战略和供给侧结构性改革战略也为共享经济的发展奠定了重要的技术基础。

（一）网络强国战略共享网络发展红利

如今，中国已经进入一个新的发展阶段，为了更好地实现中华民族伟大复兴的历史目标，以习近平同志为核心的党中央在客观分析了当前互联网发展的新形势后提出了网络强国战略。网络强国战略是在 2015 年 10 月党的十八届五中全会上提出，其主要内容强调以过硬的技术建设属于自己的雄厚信息经济，从而促进以高素质的网络安全和人才队伍为基础而建立起来的其他新经济形式的发展。当今社会，互联网已经融入人们生活的方方面面，并改变着经济发展方向。共享经济正是基于移动互联网技术的快速发展而产生的新经济发展方式，促进网络技术的不断进步有助于提升共享经济在中国经济社会建设中所发挥的作用。

互联网是一个社会化的信息平台，作为一个网络大国，中国的互联网和信息化工作已经取得了显著的发展成就，人们在平台上获取和交流信息，并以此作为增长知识的重要途径，这也对其工作、社会甚至整个国家产生重要的影响。但是相较于世界上先进的网络技术水平，中国在信息资源共享、基础设施建设等方面仍然存在很大的差距，“网络大国”也不等同于“网络强国”，建设网络强国是重中之重。这个过程需要全体人民同心协力，大力实施网络强国战略才可以让互联网发展的成果惠及全国，如此一来，形成的共促网络发展之风也将帮助全民共享网络发展红利。

2015 年 12 月，习近平总书记在第二届世界互联网大会上发表演讲时表示：“各国应该推进互联网领域开放合作，丰富开放内涵，提高开放水平，搭建更多沟通合作平台，创造更多利益契合点、合作增长点、共赢新亮点，推动彼此在网络空间优势互补、共同发展，让更多国家和人民搭乘信息时代的快车、共享互联网发展成果。”① 互联网从进入人类生活开始就成为促进经济转型、社会进步以及文化创新等领域发展的重要力量，中国借助互联网技术也实现了快速发展，一直以来，中国都以一种主动的姿态迎接经济发展过程中所面临的挑战。

互联网使世界变成了网络空间的命运共同体，与全世界共享互联网发展成果也是中国前进中遵循的主旨，建设网络强国不仅体现出中国在实现共同繁荣上所付出的努力，更表明了中国负责任的大国形象。2015 年，在把握了互联网发展本质后，党的十八届五中全会明确指出要“实施网络强国战略，实施互联网 + 行动计划，发展分享经济，实施国家大数据战略。”这是顺应时代潮流提出的重要战略措施，现如今信息资源已经成为经济社会发展的重要生产要素，加强网络建设才能更好地释放信息生产潜力。与此同时，建设网络强国的战略部署还要适应人民的需求，贯彻以人民为中心的思想，让互联网发展成果惠及更多的人民群众。

（二）国家大数据战略推进数据资源共享

随着信息技术的不断发展，大数据将成为新的生产要素。2015 年 11 月 3 日，《中共中央关于制定国民经济和社会发展第十三个五年规划的建议》正式公布并明确将大数据上升为国家战略。十三五规划纲要提出，“要实施国家大数据战略，把大数据作为基础性战略资源，全面实施促进大数据发展行动，加快推动数据资源共享开放和开发应用，助力产业转型升级和社会治理创新。加快政府数据开放共享，促进大数据产业健康发展。”作为重要的资源，战略的实施促进各行业数据的开放，在此背景下，许多传统以及创新型企业都积极拓展大数据相关产业，旨在推动新兴技术的发展和数据资源的共享。

现阶段，数据已经渗透到每个行业和业务领域，并逐渐成为重要的发展要素。大数据与互联网相伴而生，可以说在移动互联网、云计算、物

① 习近平：《在第二届世界互联网大会开幕式上的讲话》，《人民日报》2015 年 12 月 17 日。

联网之后，大数据正在为人类创造更多的价值。发展大数据是一种趋势，在技术创新的推动下，原本难以收集和使用的数据得以利用，这也使得大数据成为推动未来国家竞争的重要力量。习近平同志在中共中央政治局第二次集体学习时强调，“大数据是信息化发展的新阶段，要推动大数据技术产业创新发展。”这个过程需要相关部门审时度势、精准谋划，不断了解中国乃至世界的大数据发展状况和趋势。

互联网的快速普及使全球性的数据出现爆发式增长，海量的数据资源对经济发展以及人民生活都产生了巨大的影响。数据开放共享正在逐渐成为促进创新发展的重要力量，在此基础上发展起来的新业态和数字经济更是呈现出蓬勃发展的态势。事实上，2015 年 5 月在给国际教育信息化大会的贺信中，习近平总书记就提到，“当今世界，科技进步日新月异，互联网、云计算、大数据等现代信息技术深刻改变着人类的思维、生产、生活、学习方式，深刻展示了世界发展的前景。”① 大数据时代，国家竞争开始转向数据资源，作为促进社会发展的新驱动，世界各国对数据的依赖不断增强，信息资源也日益成为重要的社会财富。

2015 年 7 月，国务院办公厅印发的《关于运用大数据加强对市场主体服务和监管的若干意见》提出，要提高对市场主体服务水平；加强和改进市场监管；推进政府和社会信息资源开放共享；提高政府运用大数据的能力；积极培育和发展社会化征信服务。由此可见，国家一直都积极推进数据和信息资源的开放和共享，国家大数据战略让海量、动态的数据得到了高效和快速处理。信息价值的不断提高也助力新兴行业的产生和发展，相信在此基础上发展起来的共享经济也会凭借大数据战略的不断推进而实现质的飞跃和提升。

（三）供给侧结构性改革促进共享发展

现阶段，中国经济发展步入新常态，在深刻把握中国经济发展形势

---

① 《习近平致国际教育信息化大会的贺信》，《人民日报》2015 年 5 月 24 日。

后，以习近平总书记为代表的党中央提出了推进供给侧结构性改革的重大战略部署。切实推进供给侧结构性改革是适应和引领经济发展新常态的重大创新，也是今后中国调整经济结构、转变经济发展方式的重要手段。从 2015 年 11 月党中央决定实施供给侧结构性改革开始，中央明确提出了“三去一降一补”五项重点任务，即“去产能、去库存、去杠杆、降成本、补短板”，而经过多年的努力，中国在上述几个方面也取得了重要的发展成果。

具体而言，在实施供给侧结构性改革的过程中，煤炭、钢铁等去产能目标已基本完成，产业的优化重组使一大批传统企业实现了加快升级和改造，分类调控以及因地制宜的政策措施也助力房地产行业去库存，降低企业成本、弥补发展短板等方面也取得了一定成效。这一系列成果展现出供给侧结构性改革在激发市场活力、增强经济发展动力方面所发挥的重要作用，面对经济形势的不断变化，中国必须坚持以供给侧结构性改革为主线不动摇，这样才能促进经济实现良性循环。当然，推进供给侧结构性改革是助力中国经济转型升级的重要突破口和着力点，该战略实施的重点是认真贯彻“巩固、增强、提升、畅通”八字方针，进而增强经济发展的内生动力。

但事实上，供给侧结构性改革与共享经济发展具有非常紧密的内在联系，推进供给侧结构性改革有助于为绿色低碳、共享经济等领域创造坚实的物质基础，互联网、大数据等现代信息技术的不断发展也将助力优化存量资源的配置，实现供需双方的平衡。供给侧结构性改革以进一步解放和发展生产力为基础，无效和低端供给的逐渐减少有助于满足人民日益增长的物质文化需求，“蛋糕”的不断增大不仅可以提高广大人民群众共享发展成果的层次和水平，更为共享经济的进一步发展奠定了基础。实施供给侧结构性改革与共享经济发展具有共同的目标就是帮助经济社会实现持续健康的发展，国内外发展的实践也表明了处理好生产关系之间矛盾的重要性。

要深入推进供给侧结构性改革就要贯彻落实“人人参与、人人享有”

的共享发展理念，发挥好市场与政府之间的联动作用，不断增强和释放经济活力。这其中需要消除各种形式的障碍和壁垒，提高资源配置效率，在优化供给结构的同时化解产能过剩的问题。除此之外，政府部门也在积极支持相关企业建立共享技术服务平台，不断加大科研投入，这也有助于提高企业的自主创新能力，进而促进共享经济等新业态的发展。

四、重大方略期（2018 年至今）

党的十八大以来，中国特色社会主义进入了新时代，这一时期中国所面临的发展环境和条件都发生了新的变化。在新的历史时期，为了解决制约社会前进的重要问题，党和国家精准把握当前中国社会经济发展的实际，积极发挥信息化和智能化的带动作用，大力推进共享经济发展。2017 年 10 月，十九大报告明确将发展共享经济上升到国家重大方略层次。2017 年 12 月，习近平总书记在第四届世界互联网大会的贺信中指出，“推动互联网、大数据、人工智能和实体经济深度融合，发展数字经济、共享经济，培育新增长点、形成新动能。”① 将共享经济发展战略推向新的高度，新时代共享经济战略也正式步入了重大方略期。

（一）推动共享经济有序发展

作为一种新兴经济形态，共享经济依托互联网、物联网等技术和平台得以快速发展，共享经济的存在使闲置资源在供需双方之间实现了高效配置和流转，由此带来的产权属性、盈利模式等多方面的变革也推动了经济社会的进一步发展。2018 年 3 月，李克强总理在《政府工作报告》中提到，“高铁网络、电子商务、移动支付、共享经济等引领世界潮流。‘互联网 +’广泛融入各行各业。大众创业、万众创新蓬勃发展，日均新设企

① 《习近平致第四届世界互联网大会的贺信》，《人民日报》2017 年 12 月 4 日。

业由 5000 多户增加到 16000 多户。快速崛起的新动能，正在重塑经济增长格局、深刻改变生产生活方式，成为中国创新发展的新标志。”① 事实证明，随着新兴互联网技术的快速发展，中国共享经济已经呈现出井喷式的发展态势。

现阶段，共享经济的发展对人们生产和生活产生了深远的影响，已经覆盖包括交通出行、餐饮住宿、医疗健康等多个领域，共享经济具有强大的生命力和发展潜力。并且，共享经济具有降低成本、提高配置效率等优势，大力发展共享经济不仅可以帮助实现大众创业、万众创新的新号召，还有助于促进新发展理念的贯彻落实。2018 年 4 月，习近平在海南考察时强调：“各级党委和政府要强化互联网思维，善于利用互联网优势，着力在融合、共享、便民、安全上下功夫，推进政府决策科学化、社会治理精细化、公共服务高效化，用信息化手段更好感知社会态势、畅通沟通渠道、辅助决策施政、方便群众办事，做到心中有数。”② 由此可见，为了推动共享经济实现健康有序发展，以习近平同志为核心的党中央已经将强化互联网思维放到了重要位置，并注重利用互联网的优势作用促进中国共享经济发展。

实际上，中国的共享经济发展之势迅猛，并在不知不觉中实现了全球领跑，共享经济具有独特的运行机制和盈利模式。2018 年以来，在新时代共享经济战略的指引下，相关部门已经学会用创新监管体系等方式主动应对共享经济所带来的挑战。在这个过程中，包括监管部门在内的管理者牢牢把握住了经济发展趋势，及时引导和规范新经济形式的发展，这其中就包括推动共享经济向着更规范、更合理的方向前进。从加强分类指导到鼓励大胆探索，从政府部门数据公开到企业、高校、科研机构等创新资源的开放共享，这一系列战略部署为共享经济的有序发展创造了良好的条件。

---

① 李克强：《政府工作报告》，人民出版社 2018 年版，第 3 页。

② 习近平：《以更高站位更宽视野推进改革开放　真抓实干加快建设美好新海南》，《人民日报》2018 年 4 月 14 日。

（二）培育共享经济新增长点

党的十九大报告提出，“在中高端消费、创新引领、绿色低碳、共享经济、现代供应链、人力资本服务等领域培育新增长点、形成新动能”。在该报告中，共享经济被明确列为新增长点之一，这为共享经济的发展带来了重大的政策红利，进而有助于促进中国共享经济迎来更加进一步的发展。早在党的十八届五中全会上就曾明确指出要“发展分享经济”后，以习近平总书记为代表的党中央陆续发布若干重大文件，形成了对共享经济的发展更加具有指导意义的意见。中央顺应经济发展新趋势将共享经济写入重大报告，可以说明，共享经济正在成为人们工作和生活的重要组成部分。

近年来，得益于中国特色共享经济清晰的战略思维引导，中国共享经济发展迅速，并展示出广阔的前景。共享经济的出现符合“创新、协调、绿色、开放、共享”五大发展理念的总体战略布局，发展共享经济可以保证在可持续发展模式下经济的稳定增长。共享经济拥有巨大的增长空间，涉及领域的不断拓展使群众享受更为便捷的绿色生活方式成为可能，不论是创新引领抑或是绿色低碳，这一系列领域的共同特点就是在符合经济发展趋势的同时又有助于发展实体经济。共享经济的出现适应中国经济社会发展的现实需求，其自身所独有的提高资源配置效率、降低能源消耗等特点也成为新时代经济发展的主要方向。

在中央经济工作会议和2018年《政府工作报告》中，政府就已经对于如何发展共享经济等新模式提出了明确的要求。其中，针对新业态的治理机制，要求结合当地实际情况，构建具有信息互换功能的综合监管体系，从而进一步形成线上线下相结合的现代化治理体系。与此同时，为了更加深入学习和贯彻习近平新时代中国特色社会主义思想，落实上述会议部署与工作要求，2018年5月，国家发展改革委发布了《关于做好引导和规范共享经济健康良性发展有关工作的通知》，其主要内容涉及完善制度保障、加强宣传引导等众多方面，用以应对共享经济发展过程中出现的新情况和新问题。

共享经济培育出的新市场对于促进就业和经济社会发展做出了重要贡献，但是不同于传统经济形式，共享经济作为市场的一种模式在资源配置过程中发挥出了决定性的作用。市场主体的运行和交易成本因为共享经济的出现而不断降低，所有权和使用权的分离使生产和消费模式实现了不断创新，培育共享经济新增长点必须突破原有的体制机制的障碍。政府宏观调控的正确引导是促进共享经济实现规范化发展的重要保障，各地区的各级政府部门也在不断地加强顶层领导，努力营造推进共享经济健康良性发展的良好氛围。

（三）形成经济发展的新动能

在经济高质量发展阶段，为了更好地推动中国经济实现转型升级，加快培育经济发展的新动能是重要途径。2018 年 4 月，习近平同志在首届数字中国建设峰会开幕贺信中提到，“加快数字中国建设，就是要适应中国发展新的历史方位，全面贯彻新发展理念，以信息化培育新动能，用新动能推动新发展，以新发展创造新辉煌。”① 当前，中国经济发展已经步入新常态，转变经济发展方式、优化经济结构成为发展的重中之重，要建设好现代化经济体系就迫切需要新兴产业和技术的创新驱动。

凭借独特的竞争优势，共享经济在改造旧动能、培育新动能以及化解过剩产能等方面发挥着重要的作用。共享经济的创新理念和模式不仅可以促进自身的良好健康发展，还有助于推动传统经济模式下经营方式的变革，进而促进传统与新兴业态的共同繁荣。2018 年 11 月，在致第五届世界互联网大会的贺信中，习近平总书记指出，“当今世界，正在经历一场更大范围、更深层次的科技革命和产业变革。互联网、大数据、人工智能等现代信息技术不断取得突破，数字经济蓬勃发展，各国利益更加紧密相

① 习近平：《以信息化培育新动能　用新动能推动新发展　以新发展创造新辉煌》，《人民日报》2018 年 4 月 23 日。

连”①。共享经济是借助互联网、大数据等现代信息技术发展起来的，这种崭新的经济形式运用先进的互联网技术正在逐渐渗透进越来越多的生产和生活领域。

近几年来，共享经济在中国的发展之势迅猛，包括共享单车、民宿、充电宝在内的诸多商业模式也在不断走向成熟。共享经济在其所渗入的领域内不断创造，并形成了一大批具有代表性新动能的企业，更有部分已经走向国际舞台，展现着中国共享经济的发展。在中央发布的若干政策文件中不难看出，其内容都提到要支持共享经济的发展，不论是促进体制机制创新还是完善信用体系，其根本目的就是充分发挥共享经济在拉动经济增长过程中所发挥的作用。共享经济发展的关键是降本增效，作为经济发展的一种新动能，对于促进经济向高质量、高效率发展具有重要的现实意义，作为新技术革命的产物，共享经济完全具有解决社会发展矛盾、促进经济平稳发展的作用。

2018 年 3 月两会期间，习近平总书记在参加内蒙古代表团审议时强调，“推动经济高质量发展，要把重点放在推动产业结构转型升级上”②。当前，中国正处于经济结构转型升级的关键阶段，也是新旧动能转换的重要历史时期，共享经济的产生对于全面改造和提升传统动能有着重要的意义。共享经济的发展有助于中国经济实现“动力转换”，新时代背景下，以习近平总书记为代表的党中央为共享经济带来了重大利好，中国特色共享经济战略着眼长远又拥有丰富内涵，这必将促进中国共享经济迎来更大的发展，并逐步由激烈竞争阶段进入理性成长阶段。

① 《习近平向第五届世界互联网大会致贺信》，《人民日报》2018 年 11 月 8 日。

② 《推动高质量发展，习近平强调这些实招》，《人民日报》2019 年 12 月 12 日。

第七章 共享经济战略的主要内容

2017 年 12 月，中央经济工作会议明确指出，中国特色社会主义进入了新时代，我国经济发展也进入了新时代，我国经济已由高速增长阶段转向高质量发展阶段。[①] 而作为新时代下推动中国现代化经济体系建设的新经济形态，共享经济在当前之所以能够取得强劲的发展势头，得益于新时代共享经济战略的指引。2017 年国家发展改革委出台的《关于促进分享经济发展的指导性意见》明确提出推动共享经济的发展要以推进供给侧结构性改革为主线，以满足经济社会发展需求为目标，以支持创新创业为核心，以满足消费需求和消费意愿为导向，以此为主体基本上构成了新时代共享经济战略的主要内容。

一、以供给侧结构性改革为主线

2015 年 11 月 10 日，习近平总书记在中央财经领导小组会议上首次提出“供给侧结构性改革”，作为国家发展战略的重要方面，推进供给侧结构性改革的就是解决中国现存的重大结构性失调问题，进而实现经济社

① 中国共产党新闻网：《中央经济工作会议三大要点：首提习近平新时代中国特色社会主义经济思想》，2017 年 12 月 21 日，见 http：//cpc.people.com.cn/xuexi/n1/2017/1221/c385474-29720382.html。

会的可持续发展的重要战略措施。供给侧结构性改革指引中国改革的重大方向，就中国目前的供需关系来看，供需的结构性错位已成为阻碍中国经济发展的重要问题，产能过剩、成本过高、短板突出等问题一直以来都是伴随整个经济发展过程的结构性问题。供给侧结构性改革以“三去一降一补”为抓手来优化资源配置、盘活存量资源调结构，这与共享经济的主要理念相契合，共享经济与供给侧结构性改革拥有同样的目标和方向，发展共享经济、培育经济增长的新动力需要以推进供给侧结构性改革为主线，同时共享经济的有效发展反过来也会助推供给侧结构性改革。

（一）化解过剩产能

习近平总书记提出的供给侧结构性改革战略旨在调整中国经济发展结构，实现要素资源的最优配置。这一战略是基于中国当前部分行业出现过剩产能的背景下提出的，为优化市场供给结构，中国已经制定相关方案对钢铁、煤炭等重点行业采取行动以实现去产能目标。但从总体上来看，现阶段中国钢铁、煤炭等行业的基本面并不算牢固，为避免企业走浪费资源搞扩张的老路，就需要深化改革，重点关注创新性新经济形态所带来的便利，以促进中国经济实现高质量发展。

消化社会上的过剩产能是供给侧结构性改革前进路上的重要组成部分，过剩产能的表现形式多种多样，不同产业中的过剩产能也可能差别巨大，能否充分挖掘其内部蕴含的巨大潜力，是创造新的社会价值的关键。以私家车为例，随着中国经济的快速发展以及居民生活水平的提高，中国境内不同地区私家车的保有量不断上升，但值得注意的是这其中大多数私家车都长时间处于闲置状态，这一发展趋势不仅会造成城市交通拥堵问题，还会产生环境污染、资源浪费等问题。

2016 年 1 月 18 日，在省部级主要领导干部学习贯彻十八届五中全会精神专题研讨班上，习近平总书记明确提出：“要从生产端入手，重点是促进产能过剩有效化解，促进产业优化重组，降低企业成本，发展战略性新兴产业和现代服务业，增加公共产品和服务供给，提高供给结构对需求变化的适应性和灵活性。”① 美国汽车共享公司 Zipcar 创始人蔡斯曾提出一种利用过剩产能的新型商业模式，在该模式下过剩产能被看作一种低成本原料，来自世界各地的需求方可在平台上共享过剩产能。通过对存量资源使用权而非所有权整合和供应，它们被重新投入到生产、销售以及售后等各个环节，产业链上原有产品和服务的附加值被大大提升，这期间所节约的材料购买以及信息搜寻成本也可用于创造更大的社会价值，这种新型商业模式就是共享经济。

国家发展改革委等部门曾指出发展共享经济将有助于提升社会资源利用效率。实际上，依托于互联网等新兴创新技术的快速发展，共享经济的确在清晰战略的引导下发挥了推动供给侧结构性改革的重要作用。供给侧结构性改革战略中化解过剩产能强调要提高供给结构对需求变化的适应性和灵活性，而共享经济具有盘活存量资源、弹性匹配供需双方等优势，这些优势的存在为解决上述问题提供了新路径和新方法。

（二）缓解库存压力

2016 年 1 月 26 日，在中央财经领导小组第十二次会议上，习近平总书记发表重要讲话时强调：“供给侧结构性改革的根本目的是提高社会生产力水平，落实好以人民为中心的发展思想。要在适度扩大总需求的同时，去产能、去库存、去杠杆、降成本、补短板，从生产领域加强优质供给，减少无效供给，扩大有效供给，提高供给结构适应性和灵活性，提高全要素生产率，使供给体系更好适应需求结构变化。”② 坚定不移地以推进供给侧结构性改革为主线，需要准确把握当前中国经济发展步入新常态的重要表现，实施去库存的政策主要是针对部分城市房地产库存积压严重的问题，切实解决好供给冗余，疏通供需渠道，对于推进房地产市场稳定健

---

① 《习近平在省部级主要领导干部学习贯彻党的十八届五中全会精神专题研讨班上的讲话》，《人民日报》2016 年 1 月 18 日。

② 中国共产党新闻网：《习近平：推进供给侧结构性改革是一场硬仗》，2017 年 6 月 21 日，见 http：//cpc.people.com.cn/xuexi/n1/2017/0621/c385476-29352816.html。

康发展具有重要意义。

自 2015 年 12 月，中央经济工作会议将房地产去库存纳入工作重点以来，在严格的调控措施下，中国商品房去库存成效显著。据国家统计局数据显示，截至 2018 年 10 月，商品房待售面积同比下降 12.4%。[①] 房地产业属于经营不动产开发和销售的行业，不同于普通商品容易流通，商品房因为固定且无法转移使得其在缓解库存压力中具有很大的难度，且就当时的房屋租赁市场来看，需求缺口依然很大，供需严重失衡成为近年来房地产行业普遍面临的重要棘手问题。

如何打好“去库存之战”呢？共享经济给出了答案。作为一个传统行业，中国房地产业一直以来都存在交易双方信息不对称、虚假信息比较多的问题，互联网技术的发展使得平台化走向正轨，这种新型交易模式不仅可以化解商品房存量积压问题，还能促进市场更加合理化和透明化。传统的经济模式中，企业普遍存在供需双方匹配缓慢的问题，供给方无法准确获得消费者的需求，供给严重偏离需求的问题突出，而共享经济中的共享平台模式却可以有效解决这一问题。共享经济模式下的公司具有平台调度以及按需提供相关服务的作用，共享平台是依据互联网建立起来的可以进行供需双方动态匹配的连接器，平台的参与者可以根据自身意愿及时将手中闲置资源进行出租或者出售，与此同时人们也可以根据需求寻找适合自己的资源，并且在这个过程中信息搜寻成本很小甚至降为零。信息技术的快速发展使信息实现了及时流通和供需的快速匹配，这一颠覆传统的消费模式和理念不仅提高了市场效率，对于盘活存量资源消化库存也具有重要的作用。

2015 年 12 月 16 日，在第二届世界互联网大会开幕式上，习近平总书记提出：“发展分享经济，支持基于互联网的各类创新，提高发展质量和效益。”[②] 共享经济是基于互联网等新兴技术发展而产生的经济形式，其

---

① 国家统计局：《10 月份国民经济保持总体平稳，稳中有进发展态势》，见 http：//www.stats.gov.cn/tjsj/zxfb/201811/t20181114_1633310.html。

② 习近平：《在第二届世界互联网大会开幕式上的讲话》，《人民日报》2015 年 12 月 17 日。

存在促进了供需双方的有序匹配，并进一步提高了资源流动速度。由此可见，发展共享经济不仅有助于实现库存共享，还推进了供给侧结构性改革的顺利实施，进而提升中国经济发展的质量和效益。

（三）推进去杠杆化

2018 年 7 月 31 日，中共中央政治局会议在北京召开，会议主要内容是分析和研究中国当前所处的经济形势，进而部署下半年经济工作。中共中央总书记习近平主持会议。会议要求："把防范化解金融风险和服务实体经济更好结合起来，坚定做好去杠杆工作，把握好力度和节奏，协调好各项政策出台时机。"① 面对当前复杂的经济形势，为有效防范金融风险，确保供给的安全性，优化杠杆内部结构、提升杠杆整体质量成为去杠杆的重中之重。根据国家统计局发布的数据显示，就目前中国的债务水平来看，宏观的杠杆率趋于稳定状态，企业整体的资产负债率趋于下降，截至 2018 年 9 月，规模以上的工业企业资产负债率为 56.7%，比上年同期下降 0.4 个百分点，这也符合市场预期。② 总体而言，中国整体上的去杠杆任务已经基本完成，但其内部各行业之间杠杆的调整仍在继续。

高杠杆并非短期内形成，要实现去杠杆也不能过于激进，否则将造成经济波动引发金融危机。与发达国家相比，中国存在的主要问题表现在债务增速过快，隐性债务占的比重较大，这就要求中国金融监管部门应该采取有效措施来控制债务增量无节制攀升切实防范和化解风险。当前中国经济步入新常态，稳增长、调结构成为这一时期发展的主要思路，为了给供给侧结构性改革提供强有力的支持，政府引导和市场机制相互协调是去杠杆的重要方式。政府作为监管方应建立起完善的债务风险预警机制，加

---

① 《中共中央政治局召开会议　分析研究当前经济形势和经济工作审议〈中国共产党纪律处分条例〉中共中央总书记习近平主持会议》，《人民日报》2018 年 8 月 1 日。

② 国家统计局：《11 月份经济运行保持稳中有进发展态势》，2018 年 12 月 14 日，见 http：//www.stats.gov.cn/tjsi/2xtb/201812/t20181214_1639467.html。

强归口管理，市场作为主要交易场所也应积极配合政府工作，实现经济平稳健康发展的目标。

早在 2014 年 5 月 26 日十八届中央政治局第十五次集体学习时，习近平总书记就强调要准确定位和把握市场和政府之间的关系，“使市场在资源配置中起决定性作用和更好发挥政府作用，二者是有机统一的，不是相互否定的，不能把二者割裂开来、对立起来”①。共享经济是新时代催生出的重要市场力量，区别于传统经济模式，共享经济的优势作用突出。得益于全时空、全要素、全开放的发展特点，通过新型的创新商业模式，共享经济为实现去杠杆提供了强有力的支持，创新性的金融服务平台可以实现互联网、实体经济以及金融的有效结合。在某些重点领域，通过盘活存量资源、用活存量资金，共享平台可以实现优化增量，帮助财政发挥政策的调控作用。政府应支持共享经济平台的搭建，通过营造良好的发展环境、政策支持、给予激励等方式促进微观主体创新，着力打造围绕互联网和大数据等技术发展的新兴业态和产业集群，以推动内涵式增长为主要目标，盘活存量资源和资金以促进供给侧结构性改革的去杠杆化进程。

（四）降低企业成本

“不论经济发展到什么时候，实体经济都是中国经济发展、在国际经济竞争中赢得主动的根基。”②2017 年 3 月 7 日，习近平总书记在辽宁代表团参加审议时强调，对于诸多实体经济企业，经营成本是最关注的问题之一。降成本是深入推进供给侧结构性改革、加快振兴实体经济的重要内容。降成本不止在“降”，也要让企业获得足够的支持；降成本要省资金，也要省时间精力。当前，中国有不少实体经济企业面临着成本上涨较快、盈利水平降低等问题，这些问题若继续持续下去不仅会造成企业竞争力下

① 中国共产党新闻网：《既要“有效的市场”，也要“有为的政府”》，2017 年 6 月 19 日，见 http：//cpc.people.com.cn/xuexi/n1/2017/0619/c385474-29347581.html。

② 《总书记两会声音》，《人民日报》2017 年 3 月 15 日。

降，还会影响整个产业甚至实体经济的发展。

在2017年1月22日，中共中央政治局就深入推进供给侧结构性改革进行第三十八次集体学习时，习近平总书记指出，推进供给侧结构性改革，要处理好“减法”和“加法”之间的关系。这为深入推进供给侧结构性改革提供了正确方法论。为了有效推动供给侧结构性改革，国家出台了包括减税、降费、降低要素成本等在内的一系列政策举措，旨在降低企业的成本和负担。近年来，政府在深入推进营改增、缓解融资难和融资贵以及完善地方性收费清单等方面颇有成效。据国家统计局数据显示，2018年1—10月份，规模以上工业企业每百元主营业务收入中的成本为84.27元，比上年同期下降0.25元，企业成本不断降低。①

共享经济是一种快速发展的新兴经济模式，具有大规模复制、零边际成本的特点，基于共享的理念，共享经济实现了低成本和高收益。通过互联网平台，企业可以将资源、技术甚至思想进行汇聚，世界各地的人才和精英可以共同参与到产品的研发和生产，这样不仅可以减少研发成本投入，还可以获得比以前更高效的产出。并且当生产设备、厂房等产品生产所需的基础资源都可以利用共享平台进行分享时，在新产品中摊销的制造费用也会进一步减少，由此就可以同时降低产品的研发生产和加工制造成本。除此之外，利用共享交易平台，供需双方可以简化交易流程，削减传统模式下中间环节存在所耗费的成本费用加快信息处理速度。平台所涵盖的参与各方对比信息也促进了最优匹配的快速实现，从而有效控制信息搜寻和决策成本。

2016年5月20日，国务院印发的《关于深化制造业与互联网融合发展的指导意见》中指出，要推动中小企业制造资源与互联网平台全面对接，实现制造能力的在线发布、协同和交易，积极发展面向制造环节的分享经济，打破企业界限，共享技术、设备和服务，通过共享经济实现制造

① 国家统计局：《2018年1—10月份全国规模以上工业企业利润增长13.6%》，2018年11月27日，见 http://www.stats.gov.cn/tjsj/zxfb/201811/t20181127_1636019.html。

业行业的变革升级。① 由此可见，共享经济的有序发展对于促进实体经济企业实现降低成本具有重要的催动作用。作为人类社会发展史上的一次重大变革，共享经济在有效配置资源、减少资源浪费以及降低企业成本等方面发挥着重要的作用。

（五）着力补齐短板

自从 1978 年中国进行改革开放至今 40 余年来，中国的经济实力逐步提升。2017 年中国人均 GDP 接近 9000 美元，2020 年人均 GDP 连续两年超过 1 万美元。经济发展步入新台阶，但经济高速发展的同时也伴随着许多冲突和问题，如何化解矛盾补齐经济和社会发展的短板，成为提高经济发展质量的重要问题。习近平总书记在 2015 年 11 月 10 日中央财经领导小组第十一次会议上的讲话上强调："产业政策要准，就是要准确定位经济结构性改革方向，发展实体经济，坚持创新驱动发展，激活存量增长动力，着力补齐短板，加快绿色发展，积极利用外资，积极稳妥扩大对外投资。"② 当前中国经济转型升级面临的主要短板包括整体创新能力不足、产业转型受限以及关键领域基础设施建设支持不足等问题。作为供给侧结构性改革中的一个方面，补短板表现为"加法"，即扩大有效要素供给，加大力度发展新兴产业等。

在党和国家积极推进供给侧结构性改革以来，中国在去短板方面取得不少进步。据国家统计局数据显示，2018 年 1 月—10 月份，中国生态保护和环境治理业、农业投资同比分别增长 36.7% 和 14.3%，增速分别快于全部投资 31.0 和 8.6 个百分点。③ 为补齐经济增长动力不足的短板，党的十八大提出将创新驱动作为重要发展战略。习近平总书记高度重视

① 国务院印发：《关于深化制造业与互联网融合发展的指导意见》，2016 年 5 月 20 日。

② 中国共产党新闻网：《习近平：推进供给侧结构性改革是一场硬仗》，2017 年 6 月 21 日，见 http：//cpc.people.com.cn/xuexi/n1/2017/0621/c385476_29352816.html。

③ 国家统计局：《10 月份国民经济保持总体平稳，稳中有进发展态势》，2018 年 11 月 14 日，见 http：//www.stats.gov.cn/tjsj/zxfb/201811/t20181114_1633310.html。

创新在推动中国经济实现高质量发展方面的意义。当前中国科技进步对经济增长具有重要的贡献作用，但该领域仍然存在许多问题，企业自主创新能力不足、体制机制不完善以及关键领域核心技术不强等问题尤为突出。

作为一种新兴经济形式，共享经济利用互联网技术为创业者提供了一种新型共享平台，该平台将知识、技术、人才等资源进行有效整合，使每个创业者都有机会获取，从而降低创业门槛。政府应积极促进共享创新企业发展，从战略高度为共享经济制定扶持政策，做好机制体制建设的同时肯定企业在创新中的主体地位。2017 年 3 月 5 日，在《政府工作报告》中，国务院总理李克强提出："要推动新技术、新产业、新业态加快成长，以体制机制创新促进分享经济发展，建设共享平台，做大高技术产业、现代服务业等新兴产业集群，打造动力强劲的新引擎。"① 这一政策导向也充分体现了国家和各级人民政府对中国共享经济发展的高度重视和强有力的支持。

目前，共享经济已经参与渗透到各种类型的传统市场当中，企业能否实现公平有序的竞争对于共享经济发挥补齐短板的作用具有重要的意义。国家发展改革委等八个部门联合印发的《关于促进分享经济发展的指导性意见》中指出，要严格遵守市场导向，对市场中不同行业进行的共享经济活动进行分类引导，鼓励有条件的行业、地区和市场主体大胆探索，发展分享经济。由此可见，为促进共享经济在中国实现健康有序发展，充分发挥其在激活增长动力，补齐发展短板，加快绿色发展等方面的作用，党和国家正在积极制定相关政策文件，旨在从顶层战略高度来引导共享经济向着正确的方向发展。

① 李克强：《政府工作报告》，人民出版社 2016 年版，第 13 页。

二、以社会经济可持续发展为目标

现阶段，中国经济发展主要的特征就是经济发展由高速增长向高质量发展转变。改革开放以来，经过40余年的发展，中国已经成为全球第二大经济体，经济实力显著增强，对世界经济增长的贡献也不断提升。但随着经济时代的不断进步，“数量缺口”已不再是中国经济发展面对的主要问题，推动高质量发展成为做好经济工作的根本要求，新经济发展理念的重点已经从解决“有没有”向“好不好”转变。面对“质量缺口”，加快经济高质量发展成为关系全局的重要问题，共享经济能够以新动能的形式促进经济增长动力转换，推动产业结构优化升级，促进经济发展方式转变，更好地助力中国经济高质量发展。

（一）加快经济增长动力转换

2016年3月13日，习近平在出席十二届全国人大四次会议解放军代表团全体会议时强调，创新是引领发展的第一动力，实施创新驱动发展战略是中国发展的迫切要求，必须摆在突出位置。[①] 中国处于新旧动能转换的关键阶段，为适应中国现代化经济体系建设的需要，就要将经济增长动力由传统的“要素驱动”转变为“创新驱动”。传统模式下，中国经济发展动力主要依赖于资源、环境以及“三驾马车”等要素，这种高要素投入的发展方式在改革开放初期收效显著，但随着中国经济体量的不断增加，市场需求已经不再满足于数量，创新驱动成为现阶段中国的重要发展战略。2016年9月5日，在二十国集团杭州峰会上，习近平总书记指出：“告别传统增长模式、以创新驱动发展的中国，将成为世界经济增长的动力

---

① 人民网：《重磅！习近平首次系统阐释“军队创新”思想》，2016年3月14日，见http://politics.people.com.cn/n1/2016/0314/c1001_28197495.html。

之源。”①

创新驱动发展，核心在于创新。2018 年 4 月 26 日，习近平总书记在深入推动长江经济带发展座谈会上强调：“协调发展、绿色发展、开放发展、共享发展都有利于增强发展动力，但核心在创新。抓住了创新，就抓住了牵动经济社会发展全局的‘牛鼻子’。”② 新时代下，中国在信息技术、智能制造、数字网络等新产业和新领域中不断发展，这期间催生出的共享经济更是为经济高质量发展注入新的活力。创新驱动发展战略要求中国要强化体系创新和应用创新的建设，包括要围绕资源高效利用和绿色智能制造等新的产业体系进行创新，引导传统制造业、服务业以及基础建设等行业领域进行创新。此外，创新驱动发展战略还要求企业在推进技术以及商业模式创新的同时，要提升全要素生产率和资源配置效率。共享经济是现阶段中国经济发展的新空间，其通过互联网创新平台将各要素进行聚集，这种将科技创新与社会发展相融合的方式可以实现闲置资源的有效流动，供给方和需求方的动态精准匹配也促进了资源配置效率的提高。

市场潜在需求的挖掘需要创新来推动，而提供高质量供给更是供需有效衔接的重要保障，共享经济在其中发挥着重要作用。2016 年，国务院发布的《关于深化制造业与互联网融合发展的指导意见》中也指出要推动制造业资源与互联网平台的有效对接，打破企业界限共享技术、设备和服务等，这有助于促进实体经济与共享经济的快速融合，从而促进制造业企业的变革升级，为整个社会的经济增长动力转换奠定基础。近年来，在技术、需求以及政策等因素的推动下，共享经济在大众互联网消费以及新兴服务业等领域的作用越来越显著并且正在向更深层次的领域拓展，大力发展共享经济有助于提升中国经济发展的质量和效益。2017 年 1 月 20 日，国务院办公厅发布的《国务院办公厅关于创新管理优化服务培育壮大经济发展新动能加快新旧动能接续转换的意见》中提到，以分享经济为阶段性

① 习近平：《中国发展新起点 全球增长新蓝图》，《人民日报》2016 年 9 月 5 日。

② 《深入理解新发展理念》，《人民日报》2017 年 5 月 17 日。

重点的新兴经济业态逐步成为新的增长引擎。[①] 在国家促进共享经济发展的战略指引下，共享经济与制造业资源相结合，促进了经济增长由数量拉动到质量拉动的转变。

（二）推动产业结构优化升级

新常态下，产品和服务“有没有”已不再是经济发展过程中关注的重点，要解决人民日益增长的美好生活需要与发展不平衡不充分之间的关系，化解中国经济社会的主要矛盾，产品和服务“好不好”才是关键，这就需要国家进行产业结构调整，不断提高供给方的质量，促进产业由“中低端”向“中高端”转变。新一轮科技和产业革命正在改变经济发展格局，技术的不断进步催生出智能制造、共享经济等一系列新的商业模式和发展理念，这其中蕴含着巨大的发展潜力。能否抓住这一历史性机遇，运用新技术进行传统产业优化升级是进行质量变革的重要方面。

2015 年 9 月 23 日，习近平总书记在西雅图中美企业家座谈会上指出：“中国经济长期向好的趋势不会改变。结合正在制定的国民经济和社会发展第十三个五年规划，我们将大力推动产业结构优化升级，实施创新驱动发展战略，加快农业现代化步伐，走绿色循环低碳发展之路，更加注重发展质量和效益。”[②] 现阶段，中国许多行业都在积极寻求发展，农业正在向绿色健康、现代化方向转变，工业中技术密集型、加工精度高的企业占比也在逐渐上升，以数字经济、人工智能为代表的战略性新兴产业以及中小微与技术创新企业也在不断创造新的活力。

新经济时代，产业之间边界逐渐变得模糊，共享经济这一新兴业态的出现为提升经济质量提供了新思路，也进一步推动了中国产业从全球价值链中低端向中高端迈进。中国各级人民政府一直以来都时刻关注着共享经济在不同行业领域中的发展状况，并积极营造良好的制度环境促进共享

---

① 《国务院办公厅关于创新管理　优化服务培育壮大经济发展新功能　加快新旧动能持续转换的意见》，2017 年 1 月 20 日。

② 《习近平出席中美企业家座谈会》，《人民日报》2015 年 9 月 25 日。

经济的健康发展。2016 年 7 月 27 日，国务院办公厅印发的《国家信息化发展战略纲要》强调，要通过发展共享经济，建立起网络化的协同创新体系。由此可见，共享经济的高效有序发展在促进协同创新体系的建立上具有重要的作用。

目前，共享经济与大众消费和服务业结合较多，与此同时规模巨大的传统制造业同样可以借助共享经济攻克转型升级的发展难关。中国当前产业结构优化升级主要涉及推动培育战略性新兴产业、加快传统产业转型调整以及大力发展服务业三个方面，共享经济凭借其特有的优势在推动中国产业结构优化升级中发挥了重要的作用。如共享经济与人工智能相结合而推出的共享洗车服务，利用 24 小时无人看管的智能洗车机器人为用户提供极致的智能服务。共享经济与传统白色家电制造业海尔集团相结合创造的 HOPE 平台，为解决生产技术难题提供了广泛的思路。共享经济强调协同发展，这种新的发展理念打破了传统制造业封闭的运营模式以及资源约束，也加速了传统制造业的转型升级。

（三）促进经济发展方式转变

中国经济发展稳中向好，尽管受全球疫情反复、大宗商品价格上涨等因素影响，但中国在 2021 年前三季度国内生产总值同比增长 9.8%，全国新增城镇就业完成全年目标的 95%，中国经济持续恢复，迈向高质量发展的态势没有变也不会改变，我们对中国经济长期向好的基本有坚定信心。[①] 但长期以来，全世界范围内的经济发展都呈现出一种危机高发和停滞的状态，可使用资源的不断减少使传统依靠高消耗和高投入建立起来的经济发展模式难以为继。与此同时，中国经济增长的主要方式是规模速度型粗放增长，这种以重工业为主的发展方式在改革开放初期成效显著，但随着资源浪费和环境污染等问题的日益突出，过度依赖要素投入的经济发展方式已经无法提供竞争优势。因此，为保持经济的高质量发展，

① 《中国经济长期向好底气足》，《人民日报》2021 年 10 月 25 日。

就需要对中国经济增长方式进行效率变革，实现向质量效率型集约增长转变。

过度追求规模效益的传统粗放型增长方式形成了“唯数量论”的生产热潮，其带来的后果主要是产能过剩、资源配置效率低下，这阻碍了中国经济向高质量发展迈进，更使我们处于一个极度不经济的环境。在此背景下，中国经济迫切需要新增长方式的出现，共享经济为上述问题提供了解决办法。共享经济强调协同共享，实质是分享使用权，互联网平台的使用改变了传统经济模式下所有权私人占有的理念，使资源在社会之间实现自由流通。除此之外，共享经济平台不仅可以集结优势资源和创新技术，还能加快信息处理速度降低信息不对称程度，从而在化解过剩产能，提高资源配置效率等方面发挥着重要的作用。传统经济模式下，资源配置效率低下主要原因是市场上信息的不对称，供需双方无法获得同等程度的信息使得劳动、资本和技术等要素发生扭曲，而共享经济模式下的共享平台却能有效降低信息不对称程度，市场参与者可以通过主动提供更多的信息使资源配置更加优化，从而突破资源约束实现可持续增长。

基于移动互联网、云计算、大数据等技术的发展，共享经济关注的是闲置资源的高效整合和快速调配，通过转让资源的使用权而非所有权，突破了时间和空间的限制，可以实现多次甚至无数次地回收和再利用，这不仅提高了资源的利用率，还在一定程度上缓解了资源稀缺的压力，从而实现资源的效用最大化。随着实践的不断发展，共享经济逐渐呈现出巨大的发展潜力，各行各业都出现了共享经济的身影，其中以共享单车为代表的自行车行业更是出现爆发式增长，这意味着共享经济这一新兴商业模式已经开始了从存量向增量共享的转变，逐步实现经济发展方式的转变，从而走出一条绿色可持续的道路。

三、以支持创新创业为核心

创新是社会进步的灵魂，创业是推动经济社会发展、改善民生的重要途径[①]，党和国家高度重视创新创业活动在中国经济社会发展过程中所发挥的重要作用。2014 年 9 月 30 日，在夏季达沃斯论坛开幕式上，李克强总理首次提出“大众创业、万众创新”的号召，随后政府陆续出台了一系列利好政策并在全国范围内掀起一股“双创”浪潮。自从创新创业上升为国家战略以来，中国“双创”的发展取得了显著成就，据中国国家工商总局统计，2016 年中国新登记企业 552.8 万户，同比增长 24.5%，平均每天增 1.5 万户，加上个体工商户等，各类市场主体每天新增 4.5 万户。[②]这一数据充分显示了创新创业已经成为优化经济结构、发展新动能的重要力量。但随着创新创业的不断进行，其发展逐渐受到人才、资金、技术等资源条件的制约，共享经济的出现为解决此问题提供了新的思路。

（一）突破双创资源约束

创新是一个民族进步的灵魂，是一个国家兴旺发达的不竭动力，也是中华民族最深沉的民族禀赋。[③]一个国家创新能力的高低对于突破发展瓶颈、解决深层次矛盾和问题具有重要意义。创新创业要想顺利进行需要人才、技术、资金等各种资源的支持，然而当前全球创新创业活动发展所面临的主要障碍却是资源约束问题。

首先，众所周知，人才一直以来都是推动创新创业发展的关键，但由于创新创业活动本身存在着高度的不确定性，致使许多人没有足够的勇

---

① 《习近平致 2013 年全球创业周中国站活动组委会的贺信》，《人民日报》2013 年 11 月 9 日。

② 李克强：《政府工作报告》，人民出版社 2018 年版，第 3 页。

③ 《习近平在欧美同学会成立 100 周年庆祝大会上的讲话》，《人民日报》2013 年 10 月 22 日。

气来承担漫长过程和难以预测的结果所带来的风险和损失，这就导致了创新创业人才的不足，进而使创新活动受限。2014 年 6 月 9 日，在中国科学院第十七次院士大会、中国工程院第十二次院士大会上，习近平总书记强调："从总体上看，我国科技创新基础还不牢，自主创新特别是原创力还不强，关键领域核心技术受制于人的格局没有从根本上改变。……不能总是指望依赖他人的科技成果来提高自己的科技水平。"① 由此可以看出，人才对于促进中国创新创业活动的顺利实现具有基础性作用。

其次，创新创业活动所面临的另一种重要的资源制约因素便是资金，如果创业者拥有先进的技术和创意却缺乏资金的支持，这将极大地降低创新创业者的积极性从而阻碍市场的发展。

再次，缺乏市场信息沟通以及社会资本资源的有限性同样会使创新创业活动陷入困境。实施创新行为的企业因为缺乏外部信息等资源而无法将技术开发与市场需求进行有效的结合，局限于现有知识和能力而生成的产品也不能应对消费者多样化和个性化的需求，这就导致了企业很难从创新活动中获利。

借助于互联网平台，共享经济将创新创业活动所需的各种资源进行汇集，创业者可以用较低的成本使用整合后的各类信息，从而帮助企业精准定位客户信息实现高效生产和供给，对资源使用权而非所有权的交换还可以帮助企业盘活闲置资源，减少资源的浪费。在资源集中以及高效匹配的共同作用下，几乎所有有价值的知识、信息和技术等资源都可以被企业的创新研发活动所使用，如此一来，人力资本也就不再局限于某一固定的企业或组织内部，创新研发活动可以借助外部智力资源，开放、共享的新型创新模式正在发挥着巨大的潜力。

共享经济对于推进创新创业活动的顺利进行具有重要的作用，平台的兴起和发展也为汇集社会资金、人力、知识和信息等资源奠定了坚实的

① 《习近平在中国科学院第十七次院士大会、中国工程院第十二次院士大会开幕会上发表重要讲话》，《人民日报》2014 年 6 月 10 日。

基础。各地区和各级政府部门正积极提升服务能力，主动担起指导责任，深入分析共享经济的实现方式和发展理念，加强对共享经济实践过程的研究和探索。在国家支持创新创业发展的战略指引下，共享经济恰恰能够凭借汇聚创新资源的形式助力突破双创资源的约束，更好地服务于创新创业战略。

（二）降低双创实现成本

2018 年 9 月 26 日，国务院印发的《关于推动创新创业高质量发展打造“双创”升级版的意见》指出，要以习近平新时代中国特色社会主义思想为指导，全面贯彻党的十九大和十九届二中、三中全会精神，按照高质量发展要求，深入实施创新驱动发展战略，通过打造“双创”升级版，进一步优化创新创业环境，大幅降低创新创业成本，提升创业带动就业能力，增强科技创新引领作用，提升支撑平台服务能力。[①]

传统的经济环境下，创新创业活动的开展是一个复杂且漫长的商业过程。首先，资源是有限的，这一限制条件使创业者在市场准入以及资源对接等方面需要进行大量的投入，这也导致创新创业活动交易成本的升高；其次，鉴于在创业初期企业通常缺乏统一的信用考核标准，使得其在市场上的融资得不到应有的支持，融资成本很高；再次，企业所进行的创新研发活动需要巨额的资金预算安排，而获取资金渠道的单一也抑制了创新创业活动的顺利开展。因此从总体上来看，这种高风险、高投入的特点让许多人望而却步，从而降低了创业者的积极性。

共享经济具有全要素、全时空、全开放等特点，这些特点有助于降低创新创业成本。针对市场准入成本比较高的问题，共享经济利用大规模复制以及零边际成本等特点，充分调动社会闲置资源，优化资源配置，使公众可以更加方便地使用各种生产要素，从而降低了创新创业的进入门

---

① 《国务院关于推动创新创业高质量发展打造“双创”升级版的意见》，2018 年 9 月 26 日。

槛。针对双创交易成本比较高的问题，共享经济依靠互联网技术建立起信息共享平台，供需双方可以通过发布商品和服务的有关信息及时进行精准匹配，公众可以更加便利地使用包括资金、人力、设备和知识能力等在内的各种创新资源要素，从而降低由于信息不对称所造成的信息搜寻以及谈判监督成本，提高了交易质量。

共享经济平台的建立和完善跨越了地理位置、企业部门和社会关系，大大降低了企业进行创新创业活动的交易成本，新时代共享经济战略积极推进并大力支持共享经济的平台建设。2017 年 12 月 18 日，国家发展改革委办公厅发布的《关于推动发展第一批共享经济示范平台的通知》强调，支持鼓励共享经济的规范发展和运行，充分发挥平台的示范引领作用，促进共享经济有序健康发展。① 为培育新的增长点，形成新动能，支持发展的示范共享平台包括创新能力共享和生产能力共享两个方面。中国政府对共享经济平台建设的高度重视，将促使参与主体更加多元，权责归属更加合理，共享经济本身所带来的经济利益的增加也会进一步推动移动互联网、大数据与中国实体经济的深度融合，从而有助于形成一个具有开放性和协同性的创新生态系统。

（三）助推双创未来发展

共享经济的蓬勃发展是时代的选择，共享经济的出现打破了创新创业的资源约束，降低了创新创业的准入门槛，实现了闲置资源的有效利用，这不仅减少了对社会资源的浪费，还进一步形成了企业的竞争优势。伴随着共享经济实践的不断完善和进步，这种新型商业模式所发挥出的作用也日益显著，国家各级政府部门一直以来都以积极的态度鼓励和支持共享经济的发展。2016 年 5 月 25 日，在贵阳中国大数据产业峰会暨中国电子商务创新发展峰会开幕式上，李克强总理明确指出“要发展出享经

---

① 国家发展改革委：《发展改革委办公厅关于推动发展第一批共享经济示范平台的通知》，2017 年 12 月 18 日，见 http：//www.gov.cn/xinwen/2017-12/18/content_5248172.htm。

济，让更多的人有平等创业就业的机会，使广大人民更好分享改革发展成果”①。由此可见，共享经济在促进创新创业活动有序开展中发挥着不可替代的作用，并且共享经济还在组织关系、商业模式以及实现方式上为创新创业的发展提供了新的思维和理念。

创新是社会进步和发展的不竭源泉和动力，移动互联网技术的飞速发展为推动中国经济实现转型升级提供了强大的支撑作用。新时代下，党和国家日益重视创新在社会发展中的积极作用。自 2014 年 9 月李克强总理首次提出“大众创业、万众创新”的计划以来，国务院多次印发关于推进大众创业、万众创新的政策文件。2015 年 6 月 11 日，《关于大力推进大众创业万众创新若干政策措施的意见》指出，要同时依赖市场在资源配置中的积极作用以及政府在市场中的引导作用，创新创业活动的顺利实现需要一个宽松的发展环境，推进大众创业、万众创新有助于实现中国社会经济结构的变革，同时对于培养社会发展新动能，引领创新驱动具有重要的作用。该意见将市场作用与政府作用放在同等重要的位置，注重创造良好的发展环境助力创新驱动的顺利实现。2016 年 5 月，《关于建设大众创业万众创新示范基地的实施意见》中指出，要支持双创示范基地以及平台的建设，营造良好的创新创业环境。

上述这一系列利好政策的发布都表明中国政府对创新创业发展的扶持力度，同时强调了利用大众力量实现整体创新能力提高的重要作用。共享经济自产生以来就强调人人参与、人人共享，借助互联网平台，每个人都可以将知识、数据、信息等资源聚集在一起，该理念符合国家创新创业战略依靠大众力量提高创新能力的要求。因此关注共享经济在大众创业、万众创新上所发挥的作用，积极引导共享经济的发展对于推动双创的顺利开展具有重要的意义。

---

① 《李克强出席中国大数据产业峰会暨中国电子商务创新发展峰会并致辞》，《人民日报》2016 年 5 月 25 日。

四、以满足消费需求和意愿为导向

党的十八大以来，中国在提升消费水平、扩大消费规模等方面取得了很大的进步。在总结和概括前期中国时代发展与实践背景的基础上，2017 年 10 月 18 日，习近平总书记在党的十九大报告中提出："要不断满足人民日益增长的美好生活需要，使人民获得感、幸福感、安全感更加充实、更有保障、更可持续。"① 这也进一步体现出新时代背景下国家对增强消费在经济发展中基础性作用的关注和重视。现阶段，中国居民的消费需求呈现出多样化、个性化和高端化的特征。共享经济是时代催生出的新的经济形式，其产生和发展得益于政策的扶持和社会的需求，同时共享经济聚集海量资源和低门槛的准入特性本身也为助力服务广大群体、拉动国内市场消费需求提供了路径。

（一）激发市场活力

共享经济重视使用权而非所有权的交易，这种对产权碎片化的分割有助于充分挖掘资源的使用价值。得益于互联网技术的快速发展，共享平台使社会中分散化的优势资源得以有效地聚集和整合，从而可以精准发现不同消费者的多样化需求，增加有效供给。借助智能大数据，共享经济可以获得不同用户交易行为的分析资料，这些信息能够显著地降低供给方前期信息考察和搜寻的成本，从而直接促进了交易的匹配过程的实现，拓宽了交易的空间和范围，进一步激发市场活力。共享经济基于移动互联网、社交网络等技术创新手段而产生和发展，通过共享多边平台，社会上闲置的资源可以实现多次甚至无限次的流通和再利用，这不仅打破了全社会普

① 习近平：《决胜全面建成小康社会 夺取新时代中国特色社会主义伟大胜利——在中国共产党第十九次全国代表大会上的报告》，人民出版社 2017 年版。

遍面临的资源约束问题，还有助于化解中国社会的主要矛盾，满足人民日益增长的美好生活需要，进而创造出更多的社会财富和价值。

共享经济之所以能发挥如此巨大的作用，原因之一是其紧跟时代潮流，充分运用了移动互联网、大数据等信息技术手段。如今，共享经济已经从依托于互联网和电脑实现爆炸式增长的1.0时代迈入了2.0时代，这一时代下衍生出的新平台和新技术将会使以前难以在短时间内化解的问题实现高效快速的解决，因此，移动互联网等信息技术对共享经济的发展极为重要。中国各级政府部门也高度重视移动互联网技术的发展，2017年1月15日，中共中央办公厅、国务院办公厅联合印发的《关于促进移动互联网健康有序发展的意见》中指出，各地区各级政府部门应在坚持党的基本指导思想和战略方针的前提下，鼓励和支持移动互联网技术健康有序发展，以政策引导和依法管理相结合的形式有效防范和化解新技术应用可能带来的风险和隐患，进而激发市场活力，让移动互联网技术更好地服务于人民大众以及经济社会的发展。

当前共享经济正保持着强劲的发展势头和蓬勃的创新活力，随着发展环境的进一步优化，共享经济将在激发市场活力方面做出更加重大的贡献，并进一步助力中国经济实现高质量发展。新业态、新模式所显示出的巨大发展潜力使传统产业利用各种新技术来加速创新和升级，原来传统的体制垄断和政策保护也将被打破。共享经济新型的商业理念以及互联网平台的兴起，为中国的企业整合了经济资源，数量庞大的客户群体也为促进市场运行效率的提升奠定了坚实的基础。市场间的有效需求不断扩大，规模效应的出现也进一步激发了市场活力，在整体经济放缓的趋势下，共享经济的产生和发展可以帮助消费者甚至企业等主体创造更大的价值。

（二）增加消费剩余

2015年10月，中共十八届五中全会上以习近平同志为核心的党中央首次提出五大发展理念，其中“共享”发展理念强调的人人参与为共享经济迸发勃勃生机奠定了理论基础。而随着中国经济的快速发展，市场上的消费需求也在不断升级，产品和服务之间的竞争因为消费者理性和挑剔的实用主义消费观念而变得愈发激烈。在所有消费者人群中，中低层收入的消费者一直以来都是占据主导地位的，金字塔底端人群数量众多，消费潜力巨大，产品和服务所要满足的也主要是这部分人群的消费需求和意愿。而由于受到收入水平的制约，大众消费主要关注的还是能否以较低的成本获得更高的效益，共享经济便凭借其独特的实现方式和商业模式在增加消费者剩余方面作用显著。

共享经济能增加消费者剩余，创造更为广泛的社会福利。消费者剩余是消费者在购买商品或服务的过程中从市场上所获得的额外收益，在一个完全竞争的市场环境下，商品或服务的价格只能用于弥补其边际成本。传统经济发展模式下，市场竞争效率无法达到最优，加之政府力量进行干预定价，使消费者剩余无法达到最大化，这就造成了经济市场的无效率。而在共享经济的商业模式下，多样化的选择空间冲击了运营效率低下且供给严重不足的传统产业，拓宽了原本难以进入交易范围的商品和服务界限，更有助于满足消费者的需求，从而在降低产品价格的同时提高了消费者的市场地位，进而增加消费者剩余。

值得注意的是，共享经济中共享平台的使用正在逐渐成为消费者额外收益的载体，互联网平台可以跨越数据和信息的鸿沟，实现供需双方的动态匹配，这也体现在消费者为获取产品和服务时将实际付出更低的价格，从而最大化消费者剩余，为市场参与主体创造更大的价值。共享经济依托强有力的互联网平台，降低了社会价格总体水平，不仅可以提升消费者的实际购买力，还创造了巨大的社会财富。共享经济强调节俭式消费，该消费模式下生产者与消费者之间连接形成巨大的交易网络，信息技术的发展将整个社会中的资源聚集起来，并以近乎免费的成本推动交易的形成，这种消费方式不仅丰富了消费者可以使用的经济资源，还增强了议价能力，进而产生更多的消费者剩余。

传统以购买为主的商业模式在共享经济时代下受到了巨大的冲击，以租为主正在成为主流，这种颠覆性的影响使消费者只需支付少量的成本就可以满足相应的需求。尤其对于中国这种人口数量极大的国家，租赁的交易成本更是会随着参与人数的增加而不断下降，进而产生更多的消费者剩余。从这个意义上来讲，共享经济的确改变了人们的生活方式，国家强调发展共享经济在一定程度上也是为了转变消费者原有的价值观念，进而在共享经济形势下实现供需双方的双赢局面，这不仅实现了消费者角色的转化，还有利于推动社会经济的进步。

（三）增强消费意愿

前三次工业革命的完成极大地丰富了人们的物质生活，在人民的基础需求被普遍满足的情况下，消费者正在迈向更高层次的需求目标。但在这个过程中，传统的经济发展模式逐渐暴露出许多不足，成本高昂、效率低下、供需不平衡以及信息不对称等问题不仅使消费者日益增强的个性化和多样化的需求根本无法得到满足，还带来了空前的全球生态环境和能源危机。

习近平总书记指出："中国一些有大量购买力支撑的消费需求在国内得不到有效供给，消费者将大把钞票花费在出境购物、'海淘'购物上。"① 由此可以看出，传统经济发展方式下供给侧的调整速度远远滞后于需求方的结构升级速度，有效且能满足中高端消费需要的供给严重不足，造成国内的消费能力逐渐外流，进而影响到中国经济的高质量发展，而共享经济的出现为解决上述问题提供了新的思路和方法。

共享经济的表现形式丰富多样，平台化和重用性等特点为用户创造了极致体验，这在一定层面上增加了消费意愿。发展共享经济有助于扩大市场需求，产权的碎片化使消费者可以仅就产品或服务的一部分权利进行交易，这部分交易的对价远远低于为取得完整产权所付出的全部成本，从而降低了交易门槛促使更多的消费者主动地参与到市场中来。并且共享经

---

① 《习近平在省部级主要领导干部学习贯彻党的十八届五中全会精神专题研讨班上的讲话》，《人民日报》2016 年 1 月 18 日。

济模式下市场价格的决定是一个动态的过程，交易双方可以根据实际情况确定产品或服务的对价，进而增加了交易者的数量。除此之外，借助共享平台，供给方还可以将其闲置的资源和过剩的产能进行发布，因为交易的透明度高、难度低，就使得越来越多之前难以实现的交易得以进行。

一直以来，扩大居民消费都是中国经济发展的一项长期战略方针和基本立足点，消费对经济增长具有重要的拉动力，为了促进经济均衡发展就需要在增强消费意愿上下功夫。共享经济模式下，随着交易风险与成本的降低，消费者市场与需求被重新定位，商品经济的各个层次与环节也都发生了一定程度的变化。共享经济影响消费者生活的方方面面，消费心理与行为的巨大转变如消费者开始重视使用权等使消费者剩余不断增加，这也促进了消费者消费意愿与需求的同步上升。共享经济的快速发展使消费者可以通过互联网共享各类信息，沟通障碍的打破缓解了信息不对称的局面，消费者对交易的时间、地点等了解程度更加深刻，消费主权实现了回归。如此一来，市场就开始进入一个良性循环，交易的公开化、透明化有助于消费者拥有更大的主动权，消费需求也逐渐变得旺盛。

第八章　共享经济战略引导发展

在共享经济理念引领下，为了从国家层面加强对发展共享经济的顶层设计，各级政府以及相关部门积极明确政策导向，聚焦重点领域建设共享经济示范平台，凝聚全社会的力量来支持和引导共享经济的健康有序发展。在新时代共享经济战略的指导下，中国共享经济发展得越来越完善，经济的增长也逐渐实现了从无序到有序规范化发展、从高速增长到高质量发展、从粗放到包容性绿色发展、“点—线—面”逐步引领全面发展的局面。2020 年面对全球新冠肺炎疫情的冲击，更是成为全球主要经济体唯一实现正增长的国家和地区，体现了很高的韧性和可持续发展能力。

一、从无序到有序规范化发展

区别于传统的经济业态，依靠互联网技术而产生的共享经济是一种全新的市场交换经济。新时代下，共享经济所处的环境与传统经济大不相同，这使得共享经济的发展更加依赖于顶层的战略设计和相关政策的有效支持。自从共享经济被正式列入党和国家的战略规划以来，国务院和相关政府部门就已陆续颁布多项政策文件用以扶持共享经济的发展。政策文件的颁布和实施为共享经济提供了宽松的发展环境，得益于国家清晰的战略思维引导，共享经济不仅实现了在初创萌芽期的蓬勃兴起，还实现了从无序到有序的规范健康发展。

（一）新旧业态交融不断强化

2016 年 1 月，在省部级主要领导干部学习贯彻十八届五中全会精神专题研讨班上，习近平总书记指出：“落实共享发展是一门大学问，要做好从顶层设计到‘最后一公里’落地的工作，在实践中不断取得新成效。”[①] 中国正在逐渐成长为全球共享经济的中心，新时代共享经济战略的提出与实施有效地推动了中国共享经济向纵深领域发展。短短几年的时间，共享经济的参与度不断扩大，截至目前，不论是在人们的住宿、交通、生活还是在农业、金融、制造业等领域，层出不穷的创新模式已经使共享经济变得无处不在。

党和国家对共享经济战略性的支持和引导使共享经济的应用领域不断拓展和深化。2018 年 3 月 5 日，国务院总理李克强在《政府工作报告》中就曾多次提到“共享经济”，报告指出“要发展平台经济、共享经济，形成线上线下结合、产学研用协同，大中小企业融合的创新创业格局。”中国的共享经济渗透范围非常广泛、服务领域不断深入，不仅在国内市场上发展迅猛，还在向全球加速布局，甚至还成为外国企业争相效仿的对象。

在共享发展理念引领下，中国各级政府支持和鼓励共享经济发展，深刻地改变了人们生活的方方面面，从共享出行到共享空间、共享金融、共享医疗等，这一系列新式创新领域正在不断拓宽共享经济的概念边界。共享经济是互联网技术在各领域的渗透融合，政府管制和用户痛点催生出新业态和新的商业模式，但共享经济创新业态的出现往往打破了原有的制度框架，进而对传统产业产生一定的冲击。以出租车行业为例，凭借更加优质和便捷的出行服务，网约车一经出现便抢占了传统出租车的大部分市场份额，这种市场竞争也逐渐演化为冲突。直到 2016 年 7 月 28 日，交通

---

① 《习近平在省部级主要领导干部学习贯彻党的十八届五中全会精神专题研讨班上的讲话》，《人民日报》2016 年 1 月 18 日。

运输部联合公安部等七部门公布《网络预约出租汽车经营服务管理暂行办法》，明确了网约车经营服务的合法性，这也标志着政府正式从制度层面规范新旧业态之间的冲突问题。

共享经济是目前最活跃的经济形态，在多方参与、协同合作的思想引导下，共享经济已经实现了从最初的主要集中于服务业，发展为到目前广泛渗透到制造业、农业等，这都体现出共享经济强大的发展势头以及传统产业与新业态的融合交汇。凭借共享经济独特的优势，对传统行业产生的冲击和革新必将推动新旧业态之间的融合发展并最终形成多方共赢的局面。现如今，共享单车可谓是推动传统产业生产模式变革的经典案例，作为一种在共享经济背景下发展起来的新业态，共享单车正在成为传统自行车行业的新机会，与此同时，传统自行车产业的产能和技术优势也将进一步推动共享单车的良好发展。共享经济在促进产业结构升级方面作用显著。首先，共享经济使产业分工更加细化，企业边界在共享经济背景下进一步扩展。传统产业凭借共享经济逐渐将销售渠道、服务范围等扩展到全球，这种价值链的嵌入也将助力传统产业的加速转型升级。其次，共享经济在推动传统产业进行技术革新方面也发挥了重要的作用，依靠生产者驱动的资本和技术密集型产业，其进行产业升级的主要方式是提高自身技术创新能力。

互联网的介入将旧业态固化的行业结构和运营模式打破，原本低效的供需信息在经过整合后实现了高效对接。新旧业态并存迫使传统产业不断转型升级，以高质量的服务打造全新模式，政府部门对新旧业态的分类管理也助推旧业态的转型升级和新业态的差异化发展。共享经济具有扩张速度快、供需匹配高效等优势，在习近平总书记战略思维的引导下，传统产业正逐步实现与共享经济业态的协调发展，新旧经济形态的深度融合也体现出共享经济创新理念的正确性。将经过长期发展而孕育出的传统工匠精神与共享经济创新模式有机结合，鼓励传统产业生产经营模式升级，可以更好地释放传统产业参与者的积极性和创造力，进而培育生成新的经济增长点。当然，这其中也需要参与各方充分运用互联网、大数据等信息技术，从根本上促进传统经济业态与共享经济业态的共生共荣，加强二者的融合发展。共享经济正在逐渐超越人们的想象，基于国家正确的战略支持和引导，在未来经济社会中，共享经济必将在实践中实现快速又稳定的发展。

（二）协同治理机制趋于合理

在传统经济发展方式普遍面临资源浪费、产能过剩等问题的时候，人们便开始寻找一种新的经济形式以适应国家经济发展的总体要求。近年来，随着中国信息化、现代化建设的步伐加快，移动互联网和大数据等技术得到了快速发展，基于此前提，共享经济凭借其独特运行机制和实现方式得到了政府的高度重视。在包容性政策的支持下，平台企业利用中国庞大的市场基础和消费需求实现了高效创新，共享经济的治理体系也逐渐形成并不断完善。

新时期的技术创新和理念推动对共享经济的运行产生了重要的影响，共享经济要想实现有序发展，一定的规则约束是必不可少的。共享经济的全面发展为构建多方参与的协同治理机制提供了条件，数据和技术支撑也促使政府、企业、组织和用户有机会参与到对共享经济的治理活动当中。面对共享经济这一新兴经济形态，政府监管和治理模式也要随之进行创新，共享经济的出现模糊了边界和领域，传统自上而下的治理模式已经无法适应信息社会的快速发展。协同治理机制既是共享经济发展的客观要求也是必然结果，政府也在不断探索人人参与、共建规则的协同监管方式。

共享经济未来的发展潜力是巨大的，其未来发展问题已经引起政府部门的广泛关注，各地也相继采取了一系列措施引导其规范有序发展。2016 年 12 月 27 日，深圳市发布《关于鼓励规范互联网自行车的若干意见》；2017 年 3 月 3 日，成都市正式发布《成都市关于鼓励共享单车发展的试行意见》；北京、上海等城市的相关部门也陆续约谈了多家共享单车企业以制定有关管理办法。此外，八部委联合发布的《关于促进分享经济发展的指导性意见》也明确提出要深入落实好各方参与主体的责任。通过出台包括政府、企业、消费者等多层次的共享经济治理机制，落实各方主体在共享经济发展过程中的义务与职责，进而为共享经济提供一个有序、健康的发展环境。

共享经济是全球新一轮科技革命的产物。近年来，中国共享经济发展迅速，新业态、新模式不断涌现，在培育新动能、提高人民生活水平等方面也发挥了重要作用。在此背景下，各级政府部门、平台企业以及社会组织也在不断分析和研究共享经济的发展模式，目的是选择合理的治理方法为共享经济发展建立起良好的文化氛围和政策环境。现阶段，由于参与经济活动的主体日益增多，多元主体参与的协同治理体系已经成为各界共识，如此一来，便可以在解决社会问题的同时充分发挥共享经济在提升资源配置效率、推动经济社会可持续发展等方面的作用。各方的有益探索提升了对共享经济的整体治理水平，借助于大数据等技术创新手段，政府部门、平台企业以及行业协会不断增强对共享经济的事中和事后监督力度，多主体之间的联合治理机制也会进一步形成工作合力，从而助力共享经济的规范健康发展。现如今，共享经济的成长速度已经远远超过其他任何一种传统商业模式，其实现的快速发展正在深刻地影响着人们的生产和生活方式，规范化和高质量的成长模式也将促使其发挥更加显著的驱动效应，相信在不久的将来，共享经济必将成为中国乃至世界经济发展的主流形式，从而为经济更好地实现转型升级注入新的活力。

（三）审慎监管框架逐步完善

共享经济的成长速度之快已经远超当前存在的任何一种商业模式。成立仅 6 年的滴滴公司，在经历过多轮融资后也实现了快速发展。据艾媒咨询发布《2017—2018 中国网约车行业研究专题报告》显示，截止到 2017 年年底，中国移动出行用车用户达 4.4 亿人，滴滴出行已经凭借 58.6% 的渗透率位居各平台之首①。2018 年，滴滴出行开启全新的战略发

① 艾媒咨询：《2017—2018 年中国网约车行业研究专题报告》，2018 年 4 月 3 日。

展布局，积极向海外进行扩张。滴滴公司之所以呈现出如此迅猛的发展速度，其中有很大部分是来源于共享经济，这个时期同样需要政府监管部门尊重这一新经济形态的发展，为其留出充足的发展空间。

任何新事物的出现都不是偶然的，在现实需求以及技术条件的作用下，共享经济的出现和发展承载着全社会乃至全世界的期望，许多国家和政府高度重视共享经济在推动世界经济发展中所发挥的重要作用。近几年，中国共享经济也呈现出高速增长的发展态势，无限增长的参与人群和持续扩大的经济体量正在创造着中国奇迹。面对这一现实背景，政策层面强有力的支撑以及国家顶层的战略指导已经逐步发展成为鼓励共享经济进行大胆创新的基石。中国政府高度重视共享经济的发展，以更好地发挥共享经济在引领创新创业、新旧动能转换、经济转型升级等方面的作用，这初步建立了中国发展共享经济清晰的战略思维。

现阶段，中国政府对共享经济的发展采取“鼓励创新、包容审慎”的监管原则，主张以适度的管理手段和积极的应对态度处理发展过程中存在的问题。政府部门连续出台多项政策措施，2017 年 1 月 20 日，国务院办公厅印发《关于创新管理优化服务培育壮大经济发展新动能加快新旧动能接续转换的意见》中指出，“在新兴经济领域贯彻更加包容和鼓励创新的治理理念，建立公平开放的市场准入制度，健全信用约束机制，完善风险管控体系，构建多方参与的治理体系。”2017 年 3 月 5 日，李克强总理在《政府工作报告》中提到：“本着鼓励创新、包容审慎原则，制定新兴产业监管规则。”2017 年 6 月 27 日，李克强总理在出席第十一届夏季达沃斯论坛开幕式致辞时表示：“对新产业、新业态、新模式，如电子商务、移动支付、共享单车，实行包容审慎监管方式，促进了其快速健康发展。”这一系列政策和措施都体现了政府部门探索包容创新、审慎监管制度的积极性。

得益于党和国家的共享经济战略指导及中国所特有的优势条件，中国的共享经济已经从初创萌芽期的粗放式生长逐渐走向了高质量发展之路，这个过程中虽然充满了风险和不确定性，但实践中日益清晰的战略规划一直在指导着共享经济向着健康有效的方向发展。中国政府在“共享”新发展理念下出台的一系列包容、引领和支持共享经济发展的政策，为共享经济在中国创造奇迹奠定了坚实的基础。在这样逐步完善的监管框架下，共享经济必将实现规范有序、持续健康的发展。

二、从高速增长到高质量发展

自从2012年滴滴打车诞生以来，中国手机打车平台悄然兴起，伴随着该类平台企业的迅猛发展，从此进入共享经济时代。从2012年到2017年，短短5年的时间，中国的共享经济已经从服务业渗透到农业、金融业以及制造业等不同领域，这期间涌现出的创新型企业也在不同行业中发挥着不可替代的作用。事实上，共享经济在中国发展的时间并不长，但以其为代表的新经济却在不断发展壮大，作为一种新的增长引擎，共享经济正逐渐从高速增长转向高质量发展，同时也拉动中国社会经济发展迈入高质量发展阶段。

（一）共享经济是最活跃的新动能

共享经济是时代催生出的产物。现阶段中国经济步入新常态，新时代背景下中国经济发展面临着增长动力转换、结构优化升级等一系列重要的历史任务，这也决定了共享经济的发展目标应与此相契合。随着现代科技和移动互联网技术的迅速发展，相较于传统的经济发展方式，共享经济拥有更加巨大的发展潜力，人人参与、合作共享的理念正逐渐渗透进各行各业，市场配置失灵的一系列问题也得到了应有的改善，共享经济成为模式创新最活跃的领域。政府对共享经济这一新型发展模式表现出了积极的认可态度，大众参与共享经济也成为现如今经济社会的重要发展理念和方向。

现阶段，在全球经济普遍处于低迷的情况下，中国的共享经济一直保持着强有力的发展势头。当前，依托转型发展的强大需求、网民大国红利、节俭的文化以及成功的实践，中国共享经济领域的模式创新应用取得了巨大成就。网约车、在线短租模式创新引入国内后，在短时间内形成了较大的市场份额，产生了明显的示范带动效应，共享单车、共享充电宝等新模式不断涌现，表现出强大的渗透力。一方面，作为一种新型的、拥有巨大发展潜力的经济形式，共享经济的出现明显拉动了中国经济的快速增长，短时间内形成的巨大市场份额促进了经济体量的扩大，这种明显的示范带动效应也创造了大量的社会财富；另一方面，共享经济的发展理念还对解决中国的就业等方面的民生问题发挥了重要的驱动作用。

据国家信息中心发布的《中国共享经济发展年度报告（2018)》数据显示，2017年中国共享经济继续保持高速增长，全年共享经济的市场交易额约为49205亿元，比上年增长47.2%；从投融资市场情况来看，2017年中国共享经济融资规模约2160亿元，同比增长25.7%；从企业发展情况看，共享经济领域中“独角兽”企业成长迅速，这无不体现出共享经济对中国经济发展所做出的突出贡献。我们知道，就业乃民生之本，党和国家一直以来都把解决人民的就业问题放在发展的首位。在拉动就业方面，共享经济发挥的驱动作用也颇为显著。据上述报告的数据显示，2017年，中国参与共享经济活动的人数已超过7亿人，比上年增加1亿人左右；其中参与提供服务者人数约为7000万人，比上年增加1000万人。[①] 由此可见，在居民生活方面，共享经济为广大人民群众创造了更多的就业机会和岗位，从而更有效地帮助政府解决好中国在国计民生方面存在的问题。

共享经济既是一种新经济形式也是一种新发展理念。现阶段，中国的共享经济已经走过初创期阶段，正在由成长竞争阶段向规范发展阶段迈进。党的十九大报告明确指出要在共享经济领域培育新的增长点、形成新动能，搭乘着时代的快车，中国的共享经济发展之势迅猛，其国际影响力

---

① 国家信息中心分享经济研究中心、中国互联网协会分享经济工作委员会：《中国共享经济发展年度报告（2018)》。

也在逐步提升。2017 年 1 月 13 日，国务院办公厅发布的《国务院办公厅关于创新管理优化服务培育壮大经济发展新动能加快新旧动能接续转换的意见》中明确要求各级政府严格秉承“创新、协调、绿色、开放、共享”五大发展理念，深入推进以“新旧动能转换”为核心的供给侧结构性改革，坚持“创新驱动”发展战略不动摇，积极培育壮大新动能，加速实现旧动能转型升级，打造经济增长的新引擎。共享经济模式下共享的理念正在逐渐改变着人们的生产和生活方式，新业态的蓬勃兴起和新模式的不断涌现也在创造着源源不断的机遇，以新动能的形式促进经济、社会、民生领域全面的质量提升。

（二）优化存量资源的新商业模式

作为近年来最具颠覆性的商业革新模式，共享经济在正确的战略指导以及强有力的政策支持下，打破了传统经济发展方式中私人占有的局限性，并逐步向着全时空、全要素和全开放的方向发展。共享经济是目前全球表现最活跃的经济形态，通过利用互联网以及其他相关的信息技术，共享经济的运行机制也呈现出更加合理的状态。自从习近平总书记提出五大发展理念以来，传统经济下不断增加新投入来刺激经济增长的商业模式已经逐渐偏离中国经济可持续的发展方向，尽可能地生产新产品以供需求方消费的模式不仅造成了社会资源的闲置，还引起了供需双方的失衡。因此，为实现中国经济的可持续发展，寻找一种新兴商业模式就变得尤为重要。

而近几年，中国共享经济的发展进入蓬勃时期，与此相对应其商业模式也不断推陈出新，甚至许多外国企业也纷纷效仿中国的商业模式，共享经济的模式理念正在为解决上述矛盾和问题做出巨大的贡献。相较于传统经济，共享经济商业模式是一种可持续发展的绿色商业模式，其鼓励利用一切资源，重视使用权而非所有权的交易方式可以实现对社会存量资源最大限度地利用。随着互联网技术和大数据的发展，共享经济的商业模式逐渐趋于智能化和现代化。首先，共享经济平台会将线下可以利用的资源充分聚集到平台上，然后平台会利用整合的资源为需求方提供快速有效的个性化服务，从而实现供需双方的动态快速匹配。值得注意的是，共享经济商业模式颠覆了传统经济发展方式，共享经济的出现不仅避免了资源浪费还扩展了供给侧外延，从而在满足更多消费者个性化和差异化的需求同时带来了更高的社会效应和财富。

共享经济商业模式盘活了社会中可利用的一切资源，使得供给侧外延得到扩张，越来越多的差异化、个性化的产品和服务又刺激了更多的消费欲望，使得需求侧也得到延伸，总之整个社会的福利得到了提高。事实上，共享经济商业模式的发展是循序渐进的，这个过程少不了清晰的战略支持和指导。以猪八戒网为例，其从最初创立时的不温不火到后期的蓬勃发展，也是得益于国家对共享经济领域的关注和重视，正是由于国家包容性政策的推动，其才得以实现从服务于中小企业的服务交易平台向服务大中型企业及助力产业转型升级的转变。国家战略的正确引导促进了共享经济实现由弱到强的发展，物联网技术的飞速进步又进一步推动了商业模式的横向化变迁，这个过程中有政府的支持、企业的合作，也有供需双方力量的平衡，由此催生出的共享经济商业模式才更具有发展潜力。

以知识付费和产能共享为代表的新型商业模式在全球范围内产生了很大的影响。就目前来看，共享经济拥有包括共享群体智慧、共享创新创业资源、共享公共资源、共享任务服务等在内的 12 种典型的商业模式，其本质上都是基于多边参与和共享创新的理念，依托共享平台建立起信任关系，突破传统组织形式以实现多种形态的创新，进而打造出全链条的生态系统。共享经济商业模式能够通过调动社会存量资源实现产品和服务最大限度的利用，颠覆了以往需要不断增加新投入来刺激经济增长的传统，其带来的社会效应，特别是伴随着互联网大数据技术的飞速发展，正在逐步改变人们生活、消费多个领域的工作方式和理念。

（三）发展动力转向创新驱动为主

改革开放以来，中国经济增长主要依靠传统要素驱动和投资驱动，然而目前，经济正在进入由高速增长向中高速增长的新常态，传统的要素驱动和投资驱动已经面临诸多瓶颈制约，要实现中国经济的可持续增长，创新就要成为驱动发展的新引擎。创新驱动发展有利于解决中国经济高速发展所积累的深层次矛盾，共享经济的存在有助于全面加强多层次、多领域的国际合作，政府鼓励共享经济在各个行业中积极开展实践活动，参与门槛的不断降低也使其成果可以实现真正的普惠。现阶段，中国共享经济与创新的结合力度不断增强，发展动力也逐渐转向创新驱动，从而为经济增长提供稳定的动力和保障。

事实上，共享经济的发展是大势所趋，面对经济发展主战场，需要加大科技创新投入，作为新技术革命的产物，共享经济利用创新平台有集结资源的优势，这种全要素，全时空，全开放的资源配置方式和合作共赢的发展理念符合创新发展需求。近年来，国家积极号召“大众创业，万众创新”，共享经济利用互联网技术，创造出许多新型产业形态，为许多普通的创业者提供了新的实现自身价值的渠道。传统的经济环境下，创新创业者只有通过投入大量的资金、技术、人力、设施等资源才能展开项目，而共享经济环境下，海量的资源、开放的社会关系都可以较低的成本获得，这种不限制特定使用方式和用途的资源可以给创业者建立起一个极低的进入门槛，从而为其带来巨大的收益。

共享经济的发展为中国创新创业活动的发展带来了许多福利，这种新的商业模式不仅通过资源的再分配降低了创新创业的各项成本，还为形成线上线下相结合、打造新型创新创业格局奠定了坚实的基础。共享经济强调“人人参与”的发展理念，鼓励每个人都凭借其所能参与到创新创业的大潮当中，高效的资源配置以及极低的准入门槛使专业和业余者之间的界限变得逐渐模糊，这种近乎无边界的创新发展舞台也吸引越来越多的参与者加入到该行列。2016 年 4 月 15 日，国务院办公厅印发的《关于深入实施“互联网 + 流通”行动计划的意见》指出，要支持发展共享经济新模式，密切关注和借鉴国外共享经济发展的新趋势，激发市场主体进行创新创业的激情和活力，与此同时还要为企业利用互联网平台优化供需匹配创造条件，创新协同经济发展模式，促进众创、众扶、众包等多种共享经济模式的发展，进而提升整个社会层面资源的优化配置。

共享经济对中国经济社会的影响十分广泛，大到整个国家层面的经济发展方向和动力，小到人民层面的衣食住行日常生活，无不渗透着共享经济的底色和特征。在共享经济下，开放式的创新共享平台提高了研发和产品的转化效率，全球价值链的不断嵌入也增强了企业之间进行创新合作和互相学习的动力，产业领导者可以在平台上集中力量进行自主创新，其他环节的企业借助海量资源也能实现技术学习和模仿，进而实现整个产业的优化升级。而主要依靠购买者驱动的劳动密集型产业则可以借助共享经济的协作理念加深企业之间的分工与合作，进而集结不同企业的优势实现资源的高效配置。借助高新技术产业的关联性和带动性，共享经济将高技术产品供应给社会，供给侧的变化改变了企业和个人的生产和生活方式，社会需求的普遍升级也进一步促进了传统产业的转变。创新驱动一直以来都是实现共享发展的必由之路，要想真正走出一条具有中国特色的共享发展之路就必须依靠以科技创新为核心的全面创新，以创新来带动共享经济的发展。

三、从粗放到包容性绿色发展

改革开放40年来中国经济的高速增长很大程度上是牺牲自然资源的粗放型资源消耗累积式增长，这种增长方式对自然资本的利用往往是缺乏经济效率和浪费的，并未充分考虑到资源耗竭的真正社会成本。新时代背景下，习近平总书记提出的中国特色共享经济战略要求共享经济要借助互联网技术，实现供需双方精准高效、动态及时的匹配对接，进而优化资源配置，达到资源利用效率的最大化。事实上，共享经济在中国的发展也逐步实现了从粗放型到包容性绿色增长的发展之路，供给侧结构性改革中供需双方的灵活匹配也将促进中国经济、社会以及环境的综合价值最大化，进而实现可持续发展。

（一）达到资源利用效率最大化

私有产权制度是传统经济模式下的资源配置方式，该方式下的资源私人占有虽有一定的激励作用却并没有实现资源利用效率的最大化，而共享经济的发展为解决上述问题提供了新的思路。共享经济依托于开放的互联网平台，人人参与的实现方式不仅保留了传统制度下的激励优势同时还能实现资源优化配置，这种全时空、全要素的经济形式不仅增加了市场交易的频率还提升了资源配置效率。相较于传统的经济发展方式，共享经济从三个方面促进了资源利用效率的最大化。

首先，共享经济可以实现更加低成本地利用资源。传统交易模式下，供需双方之间存在多层中间环节，这不仅会增加交易双方的信息不对称性，还会造成交易成本的不断累积，从而加重了消费者的负担。而共享经济则将资源和信息汇聚并整合到互联网平台之上，交易参与方可以直接在平台上寻找自身所需的产品和服务从而取代了原来的中间环节，节省了大量的时间和资金。并且共享经济可实现低成本大规模复制，在共享经济模式下，使用权的重复交易使资源能够重复利用，交易的大规模复制使边际成本趋近于零，从而在不改变资源约束的水平下使分享资源更加富足。

其次，共享经济还可以实现社会闲置资源的重新调配。传统的交易模式强调不断投入新的生产要素以实现对经济增长的推动作用，而共享经济却主张交易资源的使用权而非所有权，该模式下企业平台可以将原有生产要素进行整合，并使其重新投入到经济活动当中，共享经济模式市场通过对于低效闲置与高效特有资源的全面分享、全球化网络交易与非人格化交易以及去中介去边界化交易拓展了资源交易的范围与空间，实现了分享经济资源交易市场的全要素全时空全开放三大特性，市场得到全面的完善，交易对象与交易主体大大增加。快速的要素流动速度与高效的供需匹配成为了有效联结供给方、需求方、分享的资源之间的黏合剂，通过以分享平台为核心的超效率市场对于供需双方的高效即时匹配和使用权的分享带来的资源快速流动，实现了资源在交易市场上的快速准确多次匹配，在资源的反复利用中大量复制资源的使用权，实现了充分的资源配置，这种重复再利用的生产和交易方式也符合绿色可持续的发展要求。

最后，共享经济最大程度改进消费体验的目标也符合消费文化的变革。一方面，协同消费是共享经济最重要的特征，协同消费这一新型消费模式使人们能够打破传统所有权的限制，得到了不属于自己的产品和服务的使用权，既能节约金钱、时间和空间，还提高了资源的使用效率，将交易内容由所有权变成了使用权，是一种健康的、高效的消费模式。在此过程中，人与物、人与人之间的关系也将被重新定义，从而产生深刻的消费模式变革网络所带来的相互联结和深入的参与度，使人们逐渐从我的时代过渡到我们的时代。另一方面，随着人们生活水平的不断提高，消费者的需求也越来越多地趋向于高端化、个性化，产品和服务的附加值已然成为吸引消费者买单的重要内容。

共享经济不再束缚于私有产权独享，实现了使用权的多次分享，共享经济利用互联网形成公共平台，使大量资源持续聚集且能够重复利用，规模效应日益凸显。在共享平台上对无形资产的使用伴随着近乎无损的使用效益和完全的复制性①，而对有形资源的重复利用会使该项资源的边际成本下降，当分享次数足够多时，边际成本就会降低为零。依靠多边平台，共享经济将参与主体连接起来，平台所特有的实时共享、图文描述的特征也使得交易各方可以进行更加舒适和便捷的互动，进而极大地提升了资源的配置效率。

（二）供给侧改革灵活匹配供需

供给侧结构性改革的重点是提高全要素生产率，减少无效和低端供给，大力培育新动能，在创新引领、共享经济等领域形成新的增长点。作

---

① 张玉明、王越凤：《共享经济与新时代马克思所有制理论的融合、创新与发展》，《现代财经》（天津财经大学学报）2018 年第 10 期。

为一种新的生产和生活方式，共享经济强调人人参与、人人分享，这种打破地域、国别以及性别等限制的发展方式在优化存量资源配置方面的同时也有效地减少了机会不平等。共享经济是供给侧改革的重要推手，与传统经济相比，共享经济所独有的去产能、去库存、降成本等特征有助于优化经济发展方式和结构，在推动社会主义现代化建设以及满足人民对美好生活的向往需求过程中将发挥重要的作用。

共享经济模式中的共享平台，借助互联网技术集聚多个卖家和买家，卖家提供大量的、多样的商品和服务，买家可以根据自己的需求有针对性地挑选商品和服务。共享平台的集合作用打破了原本的空间约束，使得市场中的供给方和需求方跨越空间实现最大范围的集聚，将原本空间割裂开的市场统一起来，从而扩大了市场容量。共享经济的出现为改善信息不对称打开了新的思路，得益于现代互联和第三方支付技术的广泛应用，供求双方都能够通过互联网发布自己能够供给的物品信息或需求的物品信息，同时配合相应的评级方法，使得供需双方拥有掌握交易对象更多信息的途径，信息不对称的程度得以显著降低。

事实上，共享经济之所以能够实现供需双方的精准匹配主要得益于信息共享平台，该平台的无界化以及信息传递的无限制性等特点使参与方可以花费较低的成本进行交易。基于开放的资源和海量的信息，市场中商品和服务的供需逐渐趋于合理，潜在的交易可以变成现实的交易，消费者潜在的需求也因此成为现实的需求。不同于传统经济模式注重资源的运营，共享经济更多关注的是技术支持以及信息保障，这使得我们在面对现实社会中资源短缺问题的时候可以更多地关注消费者真实的需求，从而达到各方效益的最大化。

针对处于需求侧的消费者而言，共享经济能够凭借高效的实现方式快速匹配消费者的需求，进而降低消费者的“搜寻成本”，使其能及时了解其他消费者对商品和服务的真实评价。现实环境下，消费者的需求和意愿是多样化、个性化的，但在传统的经济模式中，供给方和需求方之间存在一个漫长的匹配过程，这期间由于信息不对称等问题的存在，使得供需双方只能先在现实世界中进行面对面的交流和沟通，经过较长时间的考察才可以完成进一步的交易，这不仅造成了较高的交易成本、降低了资源配置效率，还浪费了消费者的时间和精力。而在连接供需双方的众多经济模式中，共享经济是一种使资源达到最优化配置的模式。

共享经济产生于大数据、云计算、互联网等技术日臻成熟的背景下，低成本、高效率的信息化平台使得企业和社会之间的存量资源迅速盘活，传统观念下不断增加新投资来拉动消费的方式已经产生变化，有效供给增加才是促进经济发展的重要力量。共享经济时代，人人参与使传统经济发展方式面临着巨大的冲击，过度发展经济所带来的过剩产能和库存已经不再适合社会经济进步的需要，分割资产使用权、整合并合理进行供需匹配以及提供产能开放的接口段将极大地激发用户参与的热情，有效供给和需求的不断出现也将在实现去库存方面发挥巨大的发展潜力。

（三）推动经济社会可持续发展

当前世界经济发展所面临的最大瓶颈就是资源和环境的约束，如何在此背景下实现经济的又好又快发展是各国关注的重点。党的十八大提出了中国经济要以绿色发展为目标，推进生态文明建设的新理念、新战略将会引领中国现代化发展的新路径，顺应时代潮流而产生的共享经济是推动中国经济社会可持续发展的重要力量。与传统经济模式相比，共享经济是一种更符合能源节约和环境保护的绿色的、可持续发展的经济模式。共享经济凭借其可以重复利用现有资源、提高资源利用率，被认为是一种基于现代经济绿色可持续发展理念形成的对闲置资源、低效资源的再利用的经济。

通过对移动互联网、大数据等技术的运用，共享经济实现了对使用权的重复交易，自由开放的平台化交易将供需双方进行高效对接，这不仅提高了资源配置效率，还有助于化解中国经济发展过程中所面临的资源和环境的约束，实现中国建设成为“资源节约型，环境友好型”社会的目标。依靠协同性、横向化和分布式的生产组织方式，共享经济为解决中国在发展过程中出现的问题带来了新的思路。共享经济资源利用效率最大化和交易成本最小化的目标为中国社会的可持续发展创造了新的途径，这种完全颠覆传统经济模式的新形式突破了原有以牺牲环境来提高产量的发展逻辑，从私有走向公用的发展理念也指导了中国经济走向绿色可持续的道路。共享经济已然成为中国社会在绿色发展道路上的有利推手，政府部门也更加深刻地了解到发展共享经济对中国实现绿色健康发展的积极作用。

凭借低成本、高收益的优势，共享经济在发展过程中赢得了市场参与主体的青睐，自由开放的互联网交易平台不仅塑造了市场的多边交易格局，还创造了大量的就业机会，个体和组织的发展不再受资源条件的约束。共享经济的快速发展，可以在一定程度上遏制市场只对需求做出反应大量生产而不考虑生产后使用频率的问题，更好地利用闲置资源。更广泛地推广共享经济，就能更广泛地推广能源节约和环境保护，有利于经济的绿色可持续的发展。例如，成立于 2013 年的货运调度平台——运满满，已累计节省柴油费用 1300 亿元，减少碳排放量 7000 万吨①，实现了降本增效经济效益和节能减排社会效益的双丰收。共享经济的发展化解了资源有限和发展可持续之间的矛盾，互惠互利、协同共享的理念成为了当今社会发展的主旋律。

从当今世界的发展趋势来看，面对传统产业能耗高、污染严重以及资源利用效率低下等问题，绿色化发展正在成为一切发展的前提。存量资源的高效利用是共享经济的主要表现形式，“一次购买，多次出租”的商业思维借助移动互联网技术得以实现，这个过程中人们对资源的浪费和对环境的破坏将会大大减少，社会财富的创造将会不断增加，这一切都得益于共享经济的发展。传统经济下关注个人利益最大化和资本增值的发展目标已经发生了改变，中国经济的增长更加符合了生态发展规律，共享经济一切皆可共享的理念推动了中国经济发展向着绿色可持续的方向稳步前

---

① 搜狐网：《市场估值 10 亿美元，公路物流的 AlphaGo——运满满从这里诞生》，2017 年 10 月 17 日，见 http：//www.sohu.com/a/198511071_163577。

行。基于国家清晰的战略引导，中国共享经济的发展目标越来越明确。无秩序和小众化的发展之路并不是共享经济的未来，追求包容性和“可持续”增长才是共享经济未来发展的正确方向。作为一种绿色可持续的经济发展方式，在未来社会，共享经济必将成为中国经济发展的主流形式并为促进中国经济社会的可持续发展贡献更多的力量。

四、“点—线—面”逐步引领全面发展

立足新时代之基，中国特色共享经济战略是习近平总书记提出的促进共享经济健康发展的重要保障。自 2015 年 10 月，党的十八届五中全会公报中首次明确指出“发展分享经济”以来，共享经济便依托新兴移动通信和互联网技术以迅猛之势发展成为中国经济发展的新引擎。共享经济正在逐渐成为社会发展的主流，这一新经济形式的诞生为中国带来了重大发展机遇，清晰的战略思维运用到共享经济领域之中促使中国的共享经济由点到面蓬勃发展，逐渐渗透到社会的各个领域的共享理念也将助力成就一个又一个的中国奇迹。

（一）以点切入：从企业到行业共享

共享经济是一种以服务广大群众、扩大受众群体为特征的新型商业模式，共享经济的平台性和大众性，为消费者自由、民主地表达消费意愿提供了最大、最有效的权利。共享经济的出现和发展为市场带来了更频繁的交易活动和更广泛的参与主体，这种新的发展方式为传统经济注入了新的活力，也带来了很多机遇。得益于新时代共享经济战略思维的推动，共享经济的服务由浅入深，逐渐从单一企业发展到各行业，不断挖掘共享领域的服务。

从 2009 年 Uber 公司成立开始，互联网技术的迅速发展使共享经济逐渐开始流行，经过几年的发展，Uber 公司已经成为当时资本市场上被看

好的公司之一。随后，国内移动租车业务发展迅速，腾讯和阿里巴巴投资滴滴打车和快的打车标志着租车业务步入高速增长期。共享经济起步于交通出行领域，以共享单车为例，从共享经济最初的概念看，其仅指将私人手中的闲置资源拿出来共享，故很多声音认为共享单车这种平台资源应当仅属于租赁经济，而不是共享经济。而随着共享经济模式深入人心，共享经济的概念范畴也在不断挖掘，到目前，层出不穷的新式创新共享模式大大拓宽了共享经济的边界。

共享经济在短租领域也呈现出强大的优势地位，不论是国际上的Airbnb还是国内的小猪短租、优客工场等，这些企业都致力于将闲置的资源共享以实现高效利用社会资源的目标。而随着互联网技术的迅速发展，共享经济逐渐从企业发展到行业，并催生出许多成功的运营模式和新兴产业，将共享经济的发展理念体现得淋漓尽致。在创新驱动发展战略、供给侧结构性改革以及中国制造2025战略深入实施的时代背景下，制造业产能共享正在悄然崛起。初步估算，2017年制造业产能共享市场交易额约为4120亿元，较上年增长25%。一些传统制造型企业开始实施转型发展战略，打造上下联动、内外协同的创新创业生态系统，如沈阳机床厂推出了Isesol平台，海尔推出了“海创汇”“Hope”以及“COSMO”三大平台，航天科工打造了“航天云网”平台等等。

从2012年以后，国家对共享经济领域予以关注和重视，在国家包容性战略和政策的引导下，平台企业实现了产业升级的变革。以猪八戒网为例，自从2006年创立猪八戒网起，互联网与共享模式的冲击促使猪八戒网加速发展。到2017年，平台上聚集了来自25个国家和地区的1300万个知识工作者和700万家雇主，为将近1000万个企业和创业者提供立体式全生命周期服务。在新时代共享经济战略思维的推动下，共享经济企业在各领域以点切入不断发展，打造全链条的生态系统。共享经济的出现和发展极大地激发了人们参与经济活动的热情和积极性，这种符合共建、共治、共享的经济形式必将在未来拥有无限发展的可能。

（二）以线推进：从行业到全面共享

近年来，中国共享经济呈现出快速的发展态势，在协作、共享理念的指导下，共享经济以低成本、高效率实现社会资源的优化配置，这个过程中不仅可以让更多的人参与进来，还能带动一大批包括交通、物流、金融等领域在内的传统或是新兴行业的发展，也就是说共享经济已经深入人们衣食住行的各个领域。

共享经济作为促进经济发展的重要力量，其发挥的作用显著，共享的理念正在被越来越多的领域接纳，单一行业内共享经济的发展必将逐渐走向全面共享的态势。作为互联网经济的代表，共享经济是现如今全球最活跃的经济形态，凭借独特的竞争优势，共享经济所影响的范围实现迅速扩展。从最初的共享出行、共享空间，到创新研发、生活服务、知识技能、文化传媒以及制造业等，共享经济的理念和实现方式正在向各领域扩张。在未来经济生活中，一切资源皆可共享的新经济形式将使人们的工作和生活发生巨大的变革。

随着移动支付和互联网等技术的不断应用，共享经济迎来了井喷式发展。作为一种新兴经济模式，共享经济已经渗透到众多行业当中，共享的理念也将注入企业从创立到研发以及生产服务等各环节，进而帮助传统行业不断实现产业转型与升级。除此之外，随着共享形式的不断多元化，许多涉及国计民生的行业也成为了新的风口，并引起人们越来越多的关注与重视。比如面对人们日益增长的美好生活需要，民生关切、痛点明显的农业、教育、医疗和养老等行业已经出现了一大批共享经济平台，并形成了较为成熟的商业模式。这些行业的共同特点就是关系到人民最直接最现实的利益问题，也是中国经济社会发展过程中所面临的重要任务，共享经济模式的引入可以帮助民生领域实现增长并实现优质资源的高效配置。

共享经济的服务正在经历由浅入深的变化，影响领域的全面性也促使各种创新模式的推陈出新。虽然共享经济在兴起时更多地集中于服务业，但到目前阶段，共享经济的概念正在随着实践而不断深化，农业、制造业以及生产领域的共享将不断挖掘共享经济的发展潜力，更多内容形式的共享也将拓宽共享经济的发展方向。共享经济在用户群体、商业模式、资本成本等方面具有明显的优势，不同的行业中蕴含的大量机遇也将不断引领共享经济浪潮的向前推进。

（三）全面深化：从单点到区域共享

共享经济渗透到人们生活的方方面面，正悄无声息地改变着人们的生产方式和生活节奏。中国信息化建设步伐加快，通信、网络基础日益提升，促进了各类互联网应用在中国快速生根发芽。经历了初创时期的蓬勃发展到如今迈入发展拐点的关键阶段，共享经济在前进过程中逐渐形成从单一平台共享到城市共享再到省区共享的发展模式，这种逐渐深化、有序展开的发展方向也使共享经济越来越受到全世界范围内的广泛关注和重视。

共享经济最初的表现形式是单一平台共享，互联网平台上整合了参与主体所需要的各种信息资源和生产资料，原本私人占有的消费模式也在此平台上实现了转变，这无疑会促进共享经济成为提升中国经济发展质量和效率的重要引擎和动力。滴滴出行平台就是交通行业与互联网深度融合的领先者，其产生就是为了依靠平台的力量最大化地利用社会资源，进而提升交通出行领域的服务供给质量。实际上，滴滴出行的确建立起了一个一站式共享出行平台，进而帮助传统出租车行业实现了转型升级。

后来，随着移动互联技术的不断发展以及国家政策的支持引导，共享经济逐渐从单一平台共享向城市共享的方向发展。2017 年 2 月 15 日，深圳创新发展研究院发布《共享深圳》研究报告，建议深圳应该实现改革发展建设的战略性转变，把公平共享、包容发展作为未来深圳全面实现现代文明富裕的新目标，实现从速度深圳、质量深圳迈向共享深圳，使深圳成为我国率先实现全面小康、共享发展的一面旗帜。这是全球第一个共享城市报告。在浙江省社会科学院发布的《浙江蓝皮书：2018 年浙江发展报告》中就通过评估总结浙江发展状况，建议杭州建设“国内第一个共享城市”。值得一提的是，浙江省的信息经济整体发展水平位居全国前列，借助于互联网、电子商务等领域新业态的不断发展，浙江省已经拥有一批国内外著名的共享经济发展平台。新模式的不断涌现证明了共享经济是浙江推进城市国际化建设的新引擎，建设共享城市是促进经济增长可持续性的重要力量，这也有助于浙江省打造具有影响力的共享经济体系与系列品牌。

新时代背景下，共享经济凭借其独特的竞争优势成为解决中国发展难题的重要举措。站在新的历史起点上，面对大有可为的新发展机遇，深化区域合作加强省区共享已经成为推动社会经济发展的重要一步。借助共享经济强有力的推动作用，海南省为促进邮轮经济的快速发展选择从七个方面加强与兄弟省区的合作，从而形成海南与“9+2”省区共享国际旅游岛商机的方式。这种跨省市、跨地区的资源整合为增强“泛珠”三角区域旅游业的竞争力奠定了坚实的基础，粤港澳大湾区的深化合作也会辐射带动“泛珠”三角区域的发展。并且全开放的共享格局也有助于满足消费者个性化的需求并且发挥资源的规模集聚效应，从而充分实现资源的使用价值。

第九章　共享经济理念与战略实现美好生活

自古以来，美好的生活便是人类社会不断追寻和发展的目标。随着人文环境、社会环境、技术条件的进步，对于“美好生活”的定义也不断丰富：柏拉图在《理想国》中推崇“最高的正义”；莫尔的《乌托邦》描绘了财产公有、人民平等的空想社会主义画面。在新时代共享经济理念和共享经济战略的指引下共享经济的发展，可打破资源约束，促进绿色发展和社会公平正义，促进人人共建共享共赢，助力实现美好生活。

一、实现人人共建共享共赢

2017 年，党的十九大报告中提出了意义重大的新时代坚持和发展中国特色社会主义的十四条基本方略。其中在“坚持在发展中保障和改善民生”中，明确提出增进民生福祉是发展的根本目的，要保证全体人民在共建共享发展中有更多获得感，不断促进人的全面发展、全体人民共同富裕。共建共享，就是要调动广大群众积极性，发挥 13 亿人口的能量，让每个人都能享受到国家发展建设的红利。共建共享是当今中国发展的必然要求，可以说，正是因为共建共享共赢发展战略的提出，才使得共享经济在中国有着优质的生长沃土，得以飞速发展；另一方面，共享经济以其

“人人共享”“大众参与”等特点，与共建共享的理念不谋而合，使公众都能享受到经济带来的有形或无形的获得感、满足感和幸福感。因此，共享经济在共建共享中也会迸发无穷潜力，具有巨大的发展空间。

（一）共享经济是人人共建共享的经济

共享经济作为一种崭新的经济模式，具有独特鲜明的理念特征，尤其是人人共享和大众参与。正得益于这些理念特征，共享经济突破了传统经济模式中的供给方和需求方的主体界定，模糊了参与市场竞争主体的身份范畴，真正实现了大众参与。社会各公众，无论所处的地区阶层，都可以以多种多样的方式参与到共享经济平台，注入闲置房屋、私家车、资金、知识技能、生产能力等诸多方面都可以进行分享，使共享经济可以最大限度地调动广大公众参与到经济活动建设中来，让平凡的“草根”也能享受到经济社会与科技发展的红利，提升幸福感和满足感。可以说，共享经济一定程度上就是共建共享的经济。

发展共享经济，更需要人人参与式的共建共享。无论是政府、企业、社会群体还是普通个人，都可以成为共享经济模式下的供给方和需求方。每个个体都拥有资源（包括有形的财富和无形的智慧等），也都能成为资源的流通渠道。在互联网飞速发展的背景下，共享经济能够整合个体分散的能力，使每个个人或组织的各种资源得到高效利用。由此，大众参与下的共享经济平台因为人人愿意共享才使得资源越来越丰富，规模庞大的大众个体乐于分享所拥有的诸如闲置汽车、房屋等实体资源，企业单位乐于分享其所掌握的先进生产技能、实现协同创新，拥有丰富知识的人愿意以其盈余智慧实现群体智慧创新，等等。一方面，伴随着大众参与，共享经济充分调动了全社会的闲置资源，而资源的丰富性是共享经济平台能够有效实现供需匹配的重要前提，于是资源又有效地循环造福于每个个体；另一方面，大众参与的共享经济平台有利于增强信息的透明度，从而提高社会监督水平，降低了监管成本，规范了平台交易。

人人共建共享经济发展也是时代规律所趋。里夫金在《零边际成本社会》中敏锐地察觉到，从生产力发展上来看，第三次工业革命的贡献很可能远远超过第一次和第二次工业革命，数十亿人和数百万组织连接到物联网，从而使人类能以一种从前无法想象的方式，在全球协同共享中分享其经济生活。边际成本是指在任何产量水平下，当产量增加一个单位时，总成本增加多少。一般而言，随着产量的增加，总成本递减增加，从而边际成本下降，也就是规模效应。边际成本趋向于零，产品和服务近乎免费，这是生产力进步所产生的功效之一。可见，共享经济将规模效应发挥到了极致。当下，骤降的技术成本、移动通信和云计算等相关领域的新发展，再加上政府的大力支持，这一切都把物联网推向了全球经济舞台的中央。物联网将所有人和物连接到一个类似于神经系统的网络中，它将赋予大众参与的技术条件，越来越多的人将有条件且愿意加入到共享经济的建设中来。由此，生产者协同制造、敏捷生产、动态联盟、大规模协作等生产方式和创新模式将被无限激活和放大，每个参与者都推动着共享经济的发展并且享受其带来的丰硕成果。

（二）共建共享共赢符合共享经济规律

2017 年，党的十九大报告中明确提出，增进民生福祉是发展的根本目的，要保证全体人民在共建共享发展中有更多获得感。之所以倡导共建共享，是因为以民为本方能国治久安。古语云：民为重，社稷次之，君为轻。唯物史观认为：人民群众是历史的创造者。“必须始终把人民利益摆在至高无上的地位，让改革发展成果更多更公平惠及全体人民。”党的十九大党章修正案在总纲中增写了必须坚持以人民为中心的发展思想。共享是中国特色社会主义的本质要求，财富不能只让少数人群享用，倡导人人共建共享，就是让百姓都能够享受到改革发展的成果，符合共享经济的特征和发展规律，也必将引领共享经济的快速发展。

倡导共建共享，发展共享经济，是增强人民获得感的必经之路，进而助力于人民共同富裕。共享经济通过有形或无形的利益的获得，较之传统经济，更易让大众拥有获得感，这种获得感既包括物质上的，也包括精神上的。物质层面的获得体现为丰厚的衣食、舒适的居住、便捷的出行、完善的教育、良好的医疗等等；精神层面的获得体现为安全、尊严、幸福、成就等等。一方面，共享经济衍生出的共享出行、共享住宿、共享医疗、众筹、供应链金融、相互保险等共享模式，开拓出创新性的资源融通配置方式，以极其包容的姿态为每个参与个体创造了获取有形资源的条件。共享经济在一定程度上打破了阶层的垄断，再普通的个体也可以在共享经济中自由活动、获取利益。通过手机扫码骑行单车，解决家到车站的最后一公里，这带来的是生活的便利与幸福感；企业规模较小的创业者通过共享金融平台筹集到传统模式下很难筹到的资金，项目启动之时也必然会感受到共享经济所带来的获得感。另一方面，共享经济平台的构建从共享、人本、自由、平等的角度出发，满足了人的自我实现需要和尊重需要。随着社会经济水平的发展及人民素质的提升，越来越多的人群不再把金钱当作奋斗的唯一目标，开始表现出利他性。人们开始自愿地进行一些无偿的活动，比如为素昧平生的弱者进行捐助、资助失学儿童、对医疗或环境保护等社会公共事业做出贡献等。虽然在这种自愿的活动中人们不会得到金钱等直观的回报，但是精神层面的满足感往往可充分地由这种公益慈善行为得到满足，如自我价值实现、出于兴趣对活动的参与感、自身消极情绪的释放等等。

（三）共享经济引领人民共建共享共赢

十八大后，党中央提出了“四个全面”的战略布局，并反复强调“人心是最大的政治”，构建共建共享社会治理格局，让人民有更多的幸福感，正是以人为本的深刻体现，是向包容式发展理念的战略升级。在共建共享战略指导下，共享经济平台的搭建，为普罗大众提供了参与经济活动的新思路，使最大范围的个体实现了财富的共享与资源的配置，开辟了平民百姓通过经济活动来拥有获得感的新途径。共享经济引领的已不是单纯的一种经济活动模式和功能的变革，它也扩展了人性之善，同时将对未来生活方式的思考引入公众的生活，极大地增强了人民的获得感与幸福感，逐渐为社会经济、人与环境之间的生存关系探索出一条新出路，有力地促进了共建共享发展，致力于实现人民美好生活。

共建共享共赢，引领人民自由平等发展，共享经济致力于实现最大范围内的公众自由平等参与经济活动。以共享金融为例，共享金融将实现大众参与，人人共享①，共享金融的各参与方，无论是公司白领、医生、教师抑或是家庭主妇，无论身处北上广等发达地区还是在三四线不知名的小城市，都拥有平等的权利参与金融领域的竞争、交易、决策、收益，使金融活动不再是"金融巨鳄"们的专利。这一定程度上剔除了行业垄断壁垒，使更多的弱势群体能够享受到平等的金融服务和金融产品。同时共享金融平台以其准入模式的简单化和退出机制的自主性，令参与主体在进入退出、对象选择、时间空间等方面实现了自由参与，为各方参与金融活动、优化金融资源配置带来极大的便利。例如，中小微企业融资困难是长久以来的难题，由于其自身资金规模小、经营风险大等弊端，传统银行尽量避免向中小企业借贷，而更加青睐于大型企业。但是现实的企业中，资金需求者呈现长尾分布的态势，小规模资金的借贷者占企业大多数，这就使得传统模式下，大量处于尾部的资金需求者无法获得金融资源。以众筹为代表的共享金融形式，与传统金融仅着眼于大项目、大企业不同，它们更能有效地服务于中小微企业或个人等"弱势群体"。

共建共享共赢，也体现在提高了社会协作效率。在"使用而非拥有"的共享理念下，人们可以在闲暇中利用自己专长灵活选择就业方式，既带来个人收益的增加也减少社会教育的支出，促进技术的进步；通过共享金融模式可极大提高资金配置效率，缓解资源错配；在交通出行方面，通过共享交通工具不仅给乘客带来便利更能节省社会能源，提高交通效率，等等。

---

① 张玉明等：《共享金融学》，科学出版社 2019 年版。

二、富足资源打破发展约束

伴随着人类的进步与社会活动的开展，地球上本就有限的资源变得更加弥足珍贵，如何更好地保护资源，如何更有效地利用有限的资源成为每一个人需要思考与面临的问题。绿色发展理念是指建立在资源有限约束条件下，高效率的持续的环境友好的发展模式，它所倡导的是可持续与低碳，从资源的角度来说，也就是资源的充分与循环利用。传统经济依靠规模效应的生产模式决定了个性化生产的高成本，产能的高度集中反而成为传统经济的短板。共享经济这种新型经济模式通过实现拓展资源交易的范围与空间、加速要素流动与供需高效匹配以及低成本大规模复制创造出了富足的资源，这与绿色发展的理念不谋而合，为人们实践绿色发展打开了一扇通向新世界的大门。共享经济通过拓展资源交易的范围与空间、加速要素流动与供需高效匹配以及低成本大规模复制三方面实现了对于资源的创造，使资源更加富足。

（一）拓展资源交易的范围与空间

共享经济拓展资源交易的范围与空间。在传统经济的交易中，交易对象，也就是参与交易的资源往往是交易主体所持有的或所生产的自身产品，这些产品往往是能给交易主体带来最大收益，也正是因为这些资源所存在的价值，才让交易主体有意愿生产与交易它们；至于低价值与低效的资源，交易主体往往拒绝生产，或者将其闲置，或者将其分享出去。在共享经济中，人人皆可参与使交易资源的范围被大大拓展了，不论是交易主体的低效低价值还是高效特有资源都可以在共享经济全球化的交易网络中找到其他有需求的交易主体。此外，传统经济中以交易链为方向的局限的交易模式，也在共享经济中被打破后经过互联网的重组成为全球化的交易网络，不论年龄、工作、地域的所有人、所有群体、所有组织都可以根据需要进行交易，这种非人格化的交易也使得资源交易的空间大大增加。共享经济通过对于资源交易的范围与空间的拓展，实现了对于不管是闲置低效资源的利用还是高效特有资源的充分利用，使各种资源都能得到超过100% 自身价值的利用，在遵循绿色发展模式同时，创造了更富足的可以被使用的资源。

一方面，在传统经济中，在交易主体之间交易与转移的是对交易主体具有价值的能带来高收益的资源，其他资源则处于被闲置与无用的状态。而大部分现有的对于共享经济的研究界定的是，共享经济是通过有偿转移闲置资源来实现资源的充分利用。事实上，结合现有的研究成果与共享经济模式中的实例，例如知乎知识共享平台等案例，可以发现，真正的分享经济模式可以实现传统经济与狭义分享经济的结合与升华，也就是实现对于近乎全部资源的分享，例如 uber 分享私家车空闲的座位这种闲置资源与知乎平台实现的对于专家所掌握知识技能的高效或特有资源的共享，可以说“一切皆可共享”。

另一方面，在传统经济模式下，企业的发展追求规模化、规则化、过程化，企业之间存在明显的边界，各自占有相当一部分的资源，这其中很大一部分是闲置的，对于这部分闲置的资源企业处于竞争的考虑大多拒绝让出，这就导致了传统经济模式中的资源交易存在相当严重的壁垒，资源无法顺畅地在市场上流通，再加上通信工具的不完善，远距离的供需双方缺乏信任与联系，市场上资源交易的空间就被大大压缩了。直到分享经济模式的出现，通过网络化与非人格化的交易理念与分享平台的高效联结，使得不同地区的互相陌生的交易主体可以瞬时发生大量的供需关系的匹配，大大拓展了资源交易市场所存在的空间，而且打破了资源交易主体之间的壁垒，使资源的交易近乎实现了全空间。

（二）加速要素流动与供需高效匹配

共享经济可加速社会要素的流动与供需高效匹配。共享经济通过对于低效闲置与高效特有资源的全面共享、全球化网络交易与非人格化交易以及去中介去边界化交易拓展了资源交易的范围与空间，实现了共享经济资源交易市场的全要素全时空全开放三大特性，市场得到全面的完善，交易对象与交易主体大大增加。在这样的前提下，如何对于资源进行有规则的分配以及如何实现供需双方的高效匹配就成为了接下来要解决的问题。在共享经济模式中，快速的要素流动速度与高效的供需匹配成为了有效联结供给方、需求方、共享的资源之间的黏合剂，通过以共享平台为核心的超效率市场对于供需双方的高效即时匹配和使用权的共享带来的资源快速流动，实现了资源在交易市场上的快速准确多次匹配，在资源的反复利用中大量复制资源的使用权，侧面地创造了更丰富的资源。这种加速要素流动与供需高效匹配的机制也符合绿色发展的理念，遵守了节约资源与可持续发展的要求。

在分享经济模式资源交易市场中，交易对象、交易主体以及其他交易要素都处于一种快速的循环流动中，作为交易对象的资源频繁在不同交易主体之间被来回分配，伴随着的是它的使用权的频繁转移，这种快速的大规模的要素流动带来了分享经济市场中不可计数的交易数量，体现在数量上就是资源交易所带来的交易额。根据《中国分享经济发展报告2017》①，在2016年中国分享经济市场交易额约为34520亿元，比上年增长103%，资源的快速准确多次转移不仅为分享经济市场带来了大量的交易额，而且还体现出了分享经济市场巨大的潜力和光明的未来发展前景。从分享经济自身的特点来说，这种要素的快速流动是由三方面的原因带来的，分别是使用权的转移、即时的交易以及供需双方的均衡，其中使用权的转移保证了资源的可交易性，及时地交易保证了交易的顺利完成，而去中介化与再中介化去除了交易的中间环节。分享经济中供需高效匹配的过程是指借助分享平台的再中介作用，借助互联网及移动互联网的大数据支持，在信用透明、信息对称的基础上，供需双方在市场中的交易需求能够在最短的时间内实现匹配，同时分享经济平台中的云计算及超级计算机等

① 2017年之前，分享经济与共享经济混用，自2018年开始统一为共享经济。

技术支持能够大幅提升交易匹配的效率。面对现实生活中资源短缺和利用率低并存的问题，基于互联网运行的分享经济能够将各类分散的可用资源迅速整合，精确发现不同消费者的多样化需求，以此实现供需匹配在速度和效率两方面的提升，从而加速要素的流动创造富足资源。

（三）实现资源的低成本大规模复制

在资源和环境越来越有限的前提下，满足人民群众日益增长的"美好生活需要"，这是党在当前及今后一个相当长的时期内的重要目标，这是美好的愿景，满足了人们对美好生活的期待。共享经济实现低成本大规模复制使资源更富足。在节约资源、创造资源方面，共享经济平台实现了汇聚资源及对存量资源聚合能量的释放，可有效助力美好生活的实现：滴滴打车汇聚闲置私家车资源，用户可以以低成本在滴滴上打到一辆相同路线的顺风车；"猪八戒网"汇聚各地专业人才资源，"小猪短租"可实现共享闲置房屋，"一元体育"可实现在平台上共享篮球，"怪兽充电"共享充电宝，"58同城"和"赶集网"为闲置的二手资源寻找归宿；沈阳机床厂、阿里淘工厂将产能配置给需求方，在VIPKID平台上可以共享课程等。通过这种多边的共享经济平台，共享经济低成本高效率地汇集了海量资源，并让大众低成本自由平等地参与、获取，在创造富足资源方面发挥了天然的优势。

低成本大规模复制是指在共享经济中，将商品所有权和使用权分离并且只交易商品的使用权，通过增加资源的交易和使用频次达到降低生产成本、交易成本、边际成本等成本的效果，实现交易及平台的复制可以保持较低的成本水平，从而保证分享经济交易和平台的复制可以大规模进行，进而实现规模效应，使资源更富足。在传统经济模式下，受硬性的资源约束以及在市场交易过程中存在信息不对称的影响，市场上供需难以达到均衡状态，有的商品供大于求造成了一定的资源浪费，与此同时有的商品供不应求导致有些特定需求难以满足。在共享经济模式下，使用权的重复交易使资源能够重复利用，交易的大规模复制使边际成本趋近于零；

同时，通过拓展资源交易的范围和空间，加速了要素流动与供需高效匹配[①]，从而在不改变资源约束的水平下使共享资源更加富足。一方面，共享经济不再束缚于私有产权独享，实现了使用权的多次分享。共享经济利用互联网形成公共平台，使大量资源持续聚集且能够重复利用，规模效应日益凸显。另一方面，在共享平台上对无形资产的使用伴随着近乎无损的使用效益和完全的复制性[②]，而对有形资源的重复利用会使该项资源的边际成本下降，当分享次数足够多时，边际成本就会降低为零，从而在不改变资源约束的水平下低成本高效率对共享交易和共享平台进行大规模的复制，形成规模效应，进而整合高效、闲置、低效资源为可供共享的资源，在不改变资源约束的水平下使共享资源更加富足，实现绿色发展。

三、促进更绿色更友好发展

资源与环境的约束是当代世界经济发展的最大瓶颈问题，如何在资源环境约束条件下实现经济又好又快地发展是世界各国都关注的核心问题。在传统经济模式下，唯数量论下的高消耗、高污染、高排放以及对资源无限制的攫取造成了严重的环境污染和产能过剩。对此，党中央提出了新时代绿色发展思想，而共享经济的发展能够有效地化解社会生产总供给与总需求不相匹配所带来的供给过剩问题从而减少社会资源的错配，助力实现新型的绿色生态发展模式，进而全方位构建绿色发展型社会，最终实现社会经济的绿色增长与社会的健康可持续发展，真正实现了“金山银山”和“绿水青山”并存，更好地践行绿色发展理念。

---

① 张玉明：《从私有到公用：分享经济的实质和特色发展之路》，人民出版社 2017 年版。

② 张玉明、王越凤：《共享经济与新时代马克思所有制理论的融合、创新与发展》，《现代财经》（天津财经大学学报）2018 年第 10 期。

（一）共享经济深化绿色发展理念

绿色发展思想是新时代中国特色社会主义思想的重要组成部分，是对科学发展观的进一步深化。党的十八届五中全会提出了坚持“创新、协调、绿色、开放、共享”的新发展理念。之后，习近平总书记在不同的场合进一步系统阐述了坚持绿色发展的重要性、必要性和紧迫性。他强调：“绿色循环低碳发展，是当今时代科技革命和产业变革的方向，是最有前途的发展领域，可以形成多个经济增长点。”①“保护环境就是保护生产力，改善环境就是发展生产力，坚持节约资源和保护环境的基本国策，像对待生命一样对待生态环境，推动形成绿色的发展方式和生活方式。”②追求单纯的增长速度曾使我们的自然生态环境付出了代价，虽然绿色发展会在短期内“拖累”经济的增长，但唯有绿色发展，才能保证发展的长期可持续。新发展理念之中的绿色发展理念就是要寻求人和自然的和谐相处。自18世纪以来，每一次工业革命带给人类社会的不仅是经济水平的显著提升，也伴随着大量的能源消耗和环境污染。当人们意识到节约能源、保护环境的重要性时，过去对自然资源无节制的掠夺性的索取给能源和环境造成的不良后果已经积重难返。共享经济对人们的吸引力除了较低的交易成本和较高的信息对称程度以外，还有很大一部分吸引力来源于闲置或低效资源的利用以及对能源的节约和对环境的保护。共享经济的出现，为解决能源与环境的问题提供了新的思路，进一步深化了绿色发展理念。

杨林认为，经济绿色发展是指经济的发展应当建立在减少物质与能源的消耗和有损环境的物质排放的基础上，改变传统经济增长模式，在科学技术发展的支撑下，寻求新的经济增长方式，从单纯的有形物质创造发展到结合无形财富的表达形式为经济增长的突破口，在发展的同时要尊重

---

① 任理轩：《坚持绿色发展——“五大发展理念”解读之三》，《人民日报》2015年12月22日。

② 习近平：《坚持节约资源和保护环境基本国策　努力走向社会主义生态文明新时代》，《人民日报》2013年5月25日。

自然规律，构建人与自然的和谐关系。[①] 共享经济恰恰是在云计算、大数据、互联网络技术发展下形成的，能促进人与自然和谐共生的新的经济增长方式。与传统经济模式相比，共享经济是一种更符合能源节约和环境保护的绿色的、可持续发展的经济模式。首先，共享经济模式使资源利用率提高。共享经济以使用权共享的形式，一方面通过盘活闲置资源直接增加了市场中资源的数量，另一方面通过以租代买等形式使得资源多次甚至无限次的回收和再利用，相当于市场原有的资源呈指数式增长。由此，共享经济通过切割产权属性盘活存量资源，不再追求消费拉动经济增长，一定程度上缓解了资源的稀缺性，从而形成减少消耗、减少污染的绿色经济发展模式。其次，共享经济改变了粗放式生产消费模式。共享经济凭借其可以重复利用现有资源、提高资源利用率，被认为是一种基于现代经济绿色可持续发展理念形成的对闲置资源、低效资源的再消费经济，有利于矫正当前盛行的过度消费的消费倾向，抑制“我消费的即我拥有的，我拥有的即我存在的”错误的消费观念。共享经济的快速发展，可以在一定程度上遏制市场只对需求做出反应大量生产而不考虑生产后使用频率的问题，更好地利用闲置资源。由此可见，共享经济是契合绿色发展理念的经济发展模式，将绿色发展进一步深化到经济领域，为经济的绿色发展提供了一条行之有效的新思路。

（二）助力实现绿色生态发展模式

共享经济通过化解资源约束、提高资源配置效率，能够实现新型的绿色生态发展模式。首先，共享经济化解发展中的资源约束。共享经济最显著的产权属性即是资源的所有权和使用权相分离这一二元性，更注重资源的使用权交易。[②] 在传统经济模式下，资源所有权等同于使用权，默认

---

① 杨林：《共享经济背景下经济绿色发展的理论思考》，《苏州科技大学学报》（社会科学版）2017 年第 6 期。

② 张玉明、王越凤：《共享经济与新时代马克思所有制理论的融合、创新与发展》，《现代财经》（天津财经大学学报）2018 年第 10 期。

只有拥有资源才可以使用，这种强调产权的“排他性”极易引发资源浪费，导致大量资源闲置在少数人手中。然而，可切割性是产权的天然内在属性，共享经济的出现打破了资源的排他占有性，使资源所有权与使用权分离，实现了“从私有到公用”。共享经济以使用权共享的形式，一方面通过盘活闲置资源直接增加了市场中资源的数量，另一方面通过以租代买等形式使得资源多次甚至无限次的回收和再利用，相当于市场原有的资源呈指数式增长。由此，共享经济通过切割产权属性盘活存量资源，一定程度上缓解了资源的稀缺性，化解了资源约束。此外，从资源的使用边界来看，共享经济可以最大限度地打破组织边界的束缚，充分利用互联网的无边界的特点，汇集全方位、全时空、全领域的海量资源于共享平台之上，使资源的获取不受空间、时间、范围的限制，突破资源约束。共享经济下交易的全方位全时空特征将传统经济模式下的时间和空间进行重组，碎片化的时间和空间建立起新的时空连接：一个企业可以实现对分属于不同企业组织空间的各项资源要素使用权上的共享；一项特定的资源也可以共享到不同企业组织空间，从而将时间与空间进行无缝隙对接。此外，互联网为供需双方提供了即时交易的条件，计算机的高频计算性能实现了交易的瞬时化。时空的碎片化和交易的瞬时化加快了交易速度，使交易双方迅速匹配所求，获取所需，提高资源配置效率。

其次，共享经济可突破传统的粗放式生产模式，实现资源的精准匹配。一方面，协同消费激活供需匹配。在共享经济中，协同消费被认为是共享经济的发展基础，经济活动的参与者将自己拥有的闲置的但能满足其他参与者需求的资源作为标的进行交易。协同消费为供需双方提供了一种集体化消费的机制，互联网络的应用为这种消费模式提供了技术支持，消费方式逐渐从单一的、固化的形式转变为合作、共享式消费。协同消费超越所有权，以部分使用权为支撑，以特定平台为中介形成集聚效应，使得消费环节既是资本创造的终点又是起点，从而促成资源供需双方的持续匹配，使传统模式下“一对一”的资源配置方式，变成“一对多”或“多对多”的即时供需匹配，从而使得资源配置效率得到指数式增长。另一方面，共享经济具有多边平台化的特征，即共享平台是由多边主体参与的、透明化、公开化的平台。在共享平台上可汇聚众多参与方和海量资源，足以涵盖数量可观的交易供需双方，并形成交织、开放的价值网络，从而具备公开透明的信息特质和精准匹配的交易机制，使交易模式从“一对一”“一对多”转向“多对多”，助力绿色发展，实现对交易资源的高效整合和价值的协同创造。

（三）全方位构建绿色发展型社会

党的十八大提出了中国以绿色发展为目标，走生态文明路线的新理念、新战略，应运而生的共享经济是促使社会迈向绿色发展的新经济革命。通过对云计算、大数据、移动互联网、物联网技术的运用，以协同、横向、分布式的组织生产方式，获得了趋近于零的边际成本，以开放自由的平台化交易促使供需两端高效匹配，使共享经济达到资源利用最大化和交易成本最小化的目标，在消费、生产领域全方位构建绿色发展型社会。

共享经济模式下，资源的私人占有不再是消费者的主流趋势，其更看重资源使用过程中所获得的效用，从而推动绿色消费的产生。共享经济鼓励大规模存量资源的深度挖掘和再利用，这一经济发展路径以低投入、高效益的优势迅速赢得了消费者的青睐，人们的消费观念升级，不再希望拥有规模化和一次性的硬资产，不再拘泥于资源拥有数量的多寡竞争，而是通过租车、租房等方式消费资产的使用权，同一个硬性的固定资产满足更多人的消费需求，产品的价值在更多人的公用中得到充分发挥，社会不再因过度生产而滞销大量的产能。此外，私人具有的非物质化特性开始成为公开流通交易的商品，人们的消费目标从以物质化商品为主转向以非物质化商品为主，越来越多地关注消费过程中所得到的社交层次和精神层次的收获，并且对知识技能的需求和交易也越来越普遍。例如，在租房的过程中，除了考虑房间的价格水平、地点位置以及舒适度，个性化、地方特色性、同租人的价值观念以及房东的人格魅力也成为消费者关注的重点。在内容创新的现时社会，提高专业能力和增加人脉资源成为人们生活工作的主流趋势，在足够多的传播媒介平台中，人们获取知识技能的渠道愈发多元化，同时人们挖掘信息的意愿愈发强烈，以迎合求知公众需求的多元化知识技能产品引发了一场新的消费革命，消费观念的升级让知识技能消费者的个性需求有了广泛的社会回应，与此同时私人拥有的才能和知识等资源可以向公众共享，扩大了知识拥有者的专业影响力。这种新的消费模式带来了供需双方的共赢，塑造了交易市场的多元格局，提高了资源的利用率，推动经济绿色可持续化发展。

在生产领域，共享经济强调“使用而非拥有”，从而充分利用了商品的使用价值，既节省了资源消耗，又不降低社会效率。碳排放主要是在生产过程中形成的，因此经济增长模式的变革也减少了碳排放，提高了环境效益。2016 年《政府工作报告》提出：“要推动新技术、新产业、新业态加快成长，以体制机制创新促进分享经济发展，建设共享平台。”① 这体现了国家对发展共享经济的重视和期待，更广泛地推广共享经济，就能更广泛地推广能源节约和环境保护，有利于社会的绿色可持续的发展。例如，成立于 2013 年的货运调度平台——运满满，其服务的对象几乎涵盖所有类型的货物和车辆，在满足中小企业的公路长途整车运输需求基础上，同时可提高车主配货效率，降低空返率，提升物流公司找车效率，改善整体物流行业的配货效率，其节能减排效率非常明显，截止到 2017 年的短短四年时间内，已累计节省柴油费用 1300 亿元，减少碳排放量 7000 万吨②，实现了降本增效经济效益和节能减排社会效益的双丰收。此外，网络预约拼车、自有车辆租赁、民宿出租、旧物交换利用，而且鼓励步行、共享单车和公共交通等低碳出行都在有序蓬勃生长，国家层面也大力提倡重拎布袋子、重提菜篮子、重复使用环保购物袋，鼓励消费者旅行自带洗漱用品，减少使用一次性日用品，甚至在中小学校试点校服、课本循环利用。这一系列举措既有力推进了低碳经济、循环经济，又有力支持共享经

① 李克强：《政府工作报告》，人民出版社 2016 年版。

② 搜狐网：《市场估值 10 亿美元，公路物流的 AlphaGo——运满满从这里诞生》，2017 年 10 月 17 日，见 http：//www.sohu.com/a/198511071_163577。

济发展。[①] 共享经济以新科技为依托，以社会闲置资源为配置对象，在化解过剩产能、提高闲置资源内置效率有得天独厚的低碳环保条件，通过创新的共享模式改变了人们的消费行为，把浪费的资产利用起来，体现了绿色发展的原则，使经济增长更具可持续性，从而全方位地构建绿色发展型社会。

四、促进社会民主公平正义

公平正义是新时代中国特色社会主义理论的重要思想，以毛泽东同志为核心的党的第一代领导集体初步形成了中国化的公平正义思想，确立了社会基本制度以保证人民当家做主，从而奠定了社会公平正义的制度基础。在党的十九大报告中，多处提到公平正义："我国稳定解决了十几亿人的温饱问题，总体上实现小康，不久将全面建成小康社会，人民美好生活需要日益广泛，不仅对物质文化生活提出了更高要求，而且在民主、法治、公平、正义、安全、环境等方面的要求日益增长。""必须多谋民生之利、多解民生之忧，在发展中补齐民生短板、促进社会公平正义。"[②] 公平正义涉及社会生活的每一个方面，它是中国社会主义社会不可或缺的一种政治伦理。共享经济以其自由平等的理念，充分彰显并促进了社会民主公平正义，在给予人民获得感、实现全体人民共同富裕方面发挥了难以替代的作用。

（一）自由平等理念彰显公平正义

共享经济体现自由平等理念。共享经济的平等理念是指参与共享经济的各个主体身份平等，并享有平等的参与机会、竞争、交易、决策、提

① 刘江翔：《共享经济的绿色消费视角研究》，《闽江学院学报》2017 年第 6 期。

② 习近平：《决胜全面建成小康社会　夺取新时代中国特色社会主义伟大胜利——在中国共产党第十九次全国代表大会上的报告》，人民出版社 2017 年版。

供资源与享受资源的机会，从供给方的平等参与、平等竞争到供需双方的市场地位平等，共享经济以自由的准入机制、完善的评价体系实现了市场交易各个环节的平等。共享经济的准入方式是其自由理念的最初表现，以自主进退、自愿参与为特征的共享经济模式下的各个参与方平台准入模式赋予了供需双方极大的自由权利，互联网+时代下的共享经济平台，其规模巨大的参与双方形成了庞大的供给池和需求池，而诸多参与方都是平等自愿、自由进入共享经济平台的。此外，共享经济平台的参与方以其平等的市场地位，拥有充分的话语权，使得市场决策、定价机制的形成更加能够反映各方民意，体现民主理念。

共享经济的发展理念体现了对中国公平正义问题的现实关切与策略解决，共享是中国特色社会主义的本质要求，也是促进社会公平正义的必由之路。共享发展理念坚持全体人民平等享有经济社会发展成果，注重解决社会公平正义问题。共享经济在未来将继续成为社会的主流，其对社会经济发展的贡献越来越大。一方面共享经济作为一种新型的、具有发展潜力的商业模式显著地拉动了经济的增长，创造了大量的经济收入；另一方面，在居民生活上也为广大人民群众提供了更多的就业岗位，改善了人民的就业民生问题，为共享经济更好地发展积淀了更加深厚的基础。共享发展理念是实现社会公平正义的必然要求，也是关于公平正义理论的重大升华。财富不能只让少数人群享用，应倡导共享发展理念，让百姓都能够享受到改革发展的成果，鼓励全体人民对社会治理进行全方位的监督和完善，才能让改革真正找到属于人民的正确的方向，才能让每个人能够享受真真切切的公平正义，每个人都能够有所收获、有所出彩。

（二）共享经济给予大众获得感

民之所望，政之所施。党的十九大报告强调“把人民对美好生活的向往作为奋斗目标，依靠人民创造历史伟业”。这就要求我们必须坚持以人民为中心的发展思想，始终把人民利益摆在至高无上的地位，保证全体人民在共建共享发展中有更多获得感。让公众有获得感就是让人民能得到、能满足。得到和满足是多层次、全方位的，既包括物质上的，也包括精神上的。物质层面的获得体现为丰厚的衣食、舒适的居住、便捷的出行、完善的教育、良好的医疗等等；精神层面的获得体现为安全、尊严、幸福、成就等等。共享经济通过有形或无形的利益的获得，较之传统经济，更易让大众拥有获得感。

一方面，共享经济衍生出的共享出行、共享住宿、共享医疗、众筹、供应链金融、相互保险等共享模式，开拓出创新性的资源融通配置方式，以极其包容的姿态为每个参与个体创造了获取有形资源的条件。共享经济在一定程度上打破了阶层的垄断，再普通的个体也可以在共享经济中自由活动、获取利益。通过手机扫码骑行单车，解决家到车站的最后一公里，这带来的是生活的便利与幸福感；企业规模较小的创业者通过共享金融平台筹集到传统模式下很难筹到的资金，项目启动之时也必然会感受到共享经济所带来的获得感。共享经济实现的人人参与，人人共享，将闲散各处的限制资源有效地汇聚起来，加速了资源的优化配置，也使得人们在共建共享中共同收获属于自己的资源与财富。

另一方面，共享经济平台的构建从共享、人本、自由、平等的角度出发，满足了人的自我实现需要和尊重需要。随着社会经济水平的发展及人民素质的提升，越来越多的人不再把金钱当作奋斗的唯一目标，开始表现出利他性。人们开始自愿地进行一些无偿活动，比如为素昧平生的弱者进行捐助、资助失学儿童、对医疗或环境保护等社会公共事业做出贡献等。虽然在这种自愿的活动中人们不会得到金钱等直观的回报，但是精神层面的满足感往往可充分地由这种公益慈善行为得到满足，如自我价值实现、出于兴趣对活动的参与感、自身消极情绪的释放等等。在慈善众筹的活动中，虽然绝大部分参与者没有物质方面的回报，但收获了帮助他人、自我价值实现这种精神上的获得感。

由此，共享经济平台的搭建，为普罗大众提供了参与经济活动的新思路，使最大范围的个体实现了财富的共享与资源的配置，开辟了平民百姓通过经济活动来拥有获得感的新途径，有效促进了社会公平正义。共享经济引领的已不是单纯的一种经济活动模式和功能的变革，它也扩展了人性之善，同时将对未来生活方式的思考引入了公众的生活，极大地增强了人民的获得感与幸福感，逐渐为社会经济、人与环境之间的生存关系探索出一条新出路。

（三）共享经济助力人民共同富裕

党的十九大报告中提出，经过长期努力，中国特色社会主义进入了新时代。这个新时代的鲜明特征之一就是全国各族人民团结奋斗、不断创造美好生活、逐步实现全体人民共同富裕。具体说来，就是要到 2035 年基本实现社会主义现代化时，全体人民共同富裕迈出坚实步伐；到本世纪中叶把中国建成富强民主文明和谐美丽的社会主义现代化强国时，全体人民共同富裕基本实现。中国的经济换挡腾飞才刚刚起步，共享经济也是如此，共享经济模式推动经济发展正从初期的不计成本的高速成长向经济转型升级的高质量发展转变，发展共享经济的目标也逐步转向为使全体人民共享经济社会发展成果，在保证共享经济健康稳定发展的同时切实保障广大人民群众的福祉，实现人民共同富裕。

在“共享”理念的引领下，共享经济正以更高级的形式为现代人的生活提供便利或创造收益，改变着人们的生活。中国共享经济模式的发展受益于其基本经济制度——社会主义公有制，这与资本主义社会推行的生产资料私有制是截然相反的。两者鲜明的对比是：资本主义制度的必然结果是社会两极分化，发展成果的共享无从谈起；然而中国特色制度实行的是公有制，追求共同富裕，缩小贫富差距。这与共享经济的公用性内涵：人人皆可免费使用资源的理念不谋而合。同时，共享经济全民参与性强，具有典型的“人人共建、人人共享”特征，为落后地区以及低收入人群创造了更多的参与经济活动、共享发展成果的机会。例如，共享经济以其结合“互联网 +”，可以突破地域限制，因地制宜推动新型城镇化建设，利用互联网及电子商务的信息化特点，通过搭建电子商务公共信息服务平台，农产品能直接对接市场，同时，农村还可以结合本地文化、生态特色，通过互联网营销推广，发展特色城镇旅游业共享经济的发展新增大量就业岗位，实现贫富地区协调发展。

共享经济助力共同富裕。“必须始终把人民利益摆在至高无上的地位，让改革发展成果更多更公平惠及全体人民”，实现社会公平正义，需要促进共同富裕。共享经济正以更高级的形式为现代人的生活提供便利或创造收益，致力于实现共同富裕。

第十章　中国共享经济走向海外

在新时代共享经济理念和共享经济战略的指引下，共享经济在中国实现了蓬勃的发展。目前，无论是共享经济的体量、规模、发展速度，还是渗透领域、参与人数、就业人数、独角兽企业等均居于世界前列，成为全球共享经济创新的中心、快速发展中心和引领者。与此同时，中国的共享经济企业的全球布局也正不断加速。在这个过程中，共享经济与中国“一带一路”倡议和构建人类命运共同体战略完美契合，中国共享经济正在“一带一路”沿线与世界对共筑网络空间命运共同体达成共识，共同建立互联网治理体系，以求协同共享、共建共赢式发展，造福世界人民，更好地迎接全球共享经济时代的到来。中国共享经济的快速发展和层出不穷的创新商业模式助力中国共享平台企业纷纷走出国门拓展，甚至开始被外国企业学习和模仿，这与以往大相径庭。中国正在向世界表达共享经济成功发展的经验，为全球共享经济的发展提供思路和方案。

一、共享经济企业加速全球布局

中国共享经济发展在全球处于引领地位。截至目前，中国共享经济已渗透到公众饮食、住宿、医疗、交通、教育、制造、服务、创业、创新、农业等多个细分领域，产生了丰富多彩的新产品新模式，对全球共享经济起到了创新引领效果。中国共享经济用户规模位居全球榜首，《中国互联网发展报告 2017》显示，中国网民规模全球第一，数字经济规模总量跃居全球第二。企业的竞争力在全球范围明显提升，在全球十大独角兽榜单中，中美两国各领风骚，滴滴出行、新美大、今日头条、陆金所 4 家中国共享经济企业位列其中。中国共享经济企业国际化步伐显著加快，通过海外业务拓展、国际化投资与合作等方式，大幅提升全球竞争力，在全球各地广泛布局，成为“中国智造”新型代言人。

（一）共享经济规模全球最大

国家信息中心提供的数据显示：2018 年，中国共享经济的规模将高达 2300 亿美元，占全国 GDP 的 1.67%、全球共享经济总量的 44%。[①] 业内专家指出：共享经济在 2018 年依然是大势所趋，但是只有不断进行产品创新、模式创新的企业才能建立起核心竞争力，并保持稳定增长。到 2020 年，共享经济在国内 GDP 占比可能超过 10%，到 2025 年，这一数字还有可能升至约 20%。得益于共享经济战略思维的推动，短短 5 年时间，共享经济从规模、参与度等各方面由小到大，正形成星火燎原之势。2012 年中国共享经济的规模仅 2830 亿元，仅仅历时 5 年，到 2017 年共享经济市场规模已达到 57220 亿元。根据研究机构 PitchBook 的统计，2016 年流入北京的风险投资为 209 亿美元，流入伦敦和洛杉矶的分别仅为 34 亿美元和 39 亿美元；2016 年中国对金融科技（Fintech）投资 71.58 亿美元，超过美国的 54.37 亿美元跃居世界第一；2013 年到 2016 年，中国风投从 23.34 亿美元上升至 310.06 亿美元，美国从 369.87 亿美元升至 609.9 亿美元，中国占美国比例从 6.31% 提升至 50.84%，在全球风投占比从 6% 提高到 19%。[②]

---

① 前瞻网：《2018 年中国共享经济发展现状与前景分析：精细化运营，时间见证成长》，2018 年 12 月 20 日，见 https：//xw.qianzhan.com/report/detail/300/181220-98。

② 搜狐网：《共享经济中国模式日渐成型未来料将保持 40% 高速增长》，2018 年 1 月 15 日，见 http：//www.sohu.com/a/216712970_161623。

与中国一样，共享经济在相对较短的时间内催生了一些全球最大的公司。仅成立5年的滴滴出行于2016年8月收购了优步（Uber）的中国业务，目前成为全球最大的拼车公司。2015年，滴滴乘客平均每天分享143万次出行。在过去的一年里，拼车乘客节省了5.1亿升燃料和1355万吨二氧化碳排放。此外，2017年共享经济领域融资额累计超80亿人民币，例如仅共享充电宝领域，2017年上半年融资高达19轮，投资总额超10亿元。

与任何产品发展规律一样，共享经济伴随着“初生—成长—成熟—衰退”。现如今共享经济正在不断地试错和纠正中，渐渐从成长转向成熟。业内专家指出，共享经济在2018年依然是大势所趋。在不断进行产品创新、企业模式创新下，中国共享经济正在建立起核心竞争力，并将保持规模、质量的稳定增长。

（二）制度创新探索引领全球

中国共享经济得以飞速发展，与中国特有的制度和政策环境优势密切相关。中国实行集中统一领导的政治制度，有利于形成上下一致的政策环境，也使得新生业态少了许多误解和制度成本。针对共享经济的灵活制度供给创新，能够有效地推动共享经济的发展。在美国，优步（Uber）和爱彼迎（Airbnb）起步阶段要一个州一个州地去打官司，可以说是一路打拼过来的。相比之下，中国的共享经济平台就少了许多这样的障碍。中国在引导共享经济发展过程中做出的制度创新探索，正在为全球共享经济发展提供有效的实践经验，中国的共享经济制度创新探索引领全球。

中国政府对于以共享经济为代表的新业态给予了充分的肯定和支持，明确提出了“包容审慎”的监管原则，为共享经济的发展创造了充分宽松的制度环境。2016年3月，发展分享经济首次被写入中国的《政府工作报告》，明确要“支持分享经济发展，提高资源利用效率，让更多人参与进来、富裕起来”，同时提出“以体制机制创新促进分享经济发展”。2017年，《关于促进分享经济发展的指导性意见》正式出台后，各部门、各地区陆续出台了相应的关于促进和规范共享经济发展的相关政策、规划，目前已初步形成了较为完整的共享经济发展政策体系，这在全球都是不多见的。在相关政策方面，不仅中央政府从宏观的角度制定了指导共享经济发展的政策，地方政府同样顺应共享经济的发展形势，出台了一系列相关的政策文件，总体上支持共享经济的发展。同时，行业自律的监管等形式也开始出现。2018 年 3 月 14 日，民间团体“共享经济产业促进发展座谈会”在国家工商总局召开，《共享住宿服务规范》于 2018 年 11 月 15 日发布。这些正式制度与非正式制度在推动共享经济健康发展，创新市场监管，维护消费者权益方面起到了重要的作用。

共享经济中的制度供给理论是建立在马克思历史唯物主义基础上的。经济发展规律告诉我们，经济基础决定上层建筑，上层建筑又会反作用于经济基础。如同任何一种经济形态一样，共享经济的发展同样需要良好的设计和制度供给。良好的制度供给能够促进共享经济按照自身发展规律有序发展，解决共享经济中出现的问题，实现共享经济与社会协调发展。当下，共享经济虽然仍属于新兴事物，其迅速的成长与发展既为社会经济的发展带来了机会，也对现行的社会关系产生了新的影响。现行的法律、法规、规章等政策性文件还不能够完全调节共享经济中出现的新型社会关系，政府部门对共享经济的制度供给将是共享经济发展的关键所在。正是由于中国各级政府的积极引领、包容审慎监管等制度供给，才使得中国共享经济奇迹呈现。

（三）中国共享经济引发全球关注

过去 10 余年，共享经济从一个边缘概念变成了中国经济增长的引擎，迅速重塑了包括旅游和交通在内的许多行业。打车、共享单车、家庭旅馆和 wi-fi 服务已经在海外进行了测试，越来越多的新服务将扩展到海外。中国正在成为全球共享经济的创新者和领导者。

共享经济能在中国得以蓬勃发展，与中国庞大的人口基数、不断涌现的创新，以及倡导节俭消费的人民大众是密切相关的，也是中国发展共享经济的独有优势。此外，中国政府对共享经济的发展也一直保持高度关注与正确引导。现在，在外国人眼中，中国已经告别了“山寨中国”的印象。共享经济，如共享单车和共享汽车，已经成为中国新的名片，引领世界，让越来越多的外国人惊叹。中国一批创新型共享经济企业的国际竞争力显著提升。根据 CB Insights 公布数据，截至 2017 年底，全球独角兽企业共有 223 家，其中中国企业达到 59 家，占总数的 26.5%，而具有典型共享经济属性的中国企业占比超过 33%。在全球十大独角兽榜单中，中美两国各领风骚，中国有滴滴出行、美团点评、今日头条、陆金所等 4 家共享经济企业位列其中。① 由于拥有全球最多的网民和智能手机用户，中国在诸多共享经济领域的单一平台也很快能在全球领先。

英国《金融时报》文章称，中国的共享单车是全球创新的典范，也是最新向外输出的案例。② 外媒认为，这种很好的氛围意味着全球共享行业中的很多创新都将在中国诞生，而不是美国的硅谷。美国媒体称，在不久的将来，中国庞大的制造业将孕育出它自己的、以手机 APP 为基础的共享经济，中国将成为教会全世界该如何共享的老师。彭博新闻社报道称，共享模式在中国比在几乎其他任何地方看起来都拥有更加光明的未来。③

二、“一带一路”传递共享精神

“一带一路”指的是“丝绸之路经济带”与“21 世纪海上丝绸之路”，于 2013 年 11 月将“推进丝绸之路经济带、海上丝绸之路建设、形成全方

① 张新红、于凤霞等：《共享经济 100 问》，中共中央党校出版社 2018 年版。

② 邱海峰：《共享单车“出海”给力中国制造》，《人民日报海外版》2017 年 3 月 28 日，见 http://paper.people.com.cn/rmrbhwb/html/2017-03/28/content_1761568.htm。

③ 网易新闻：《美媒：中国引领共享经济未来　向世界展示如何分享》，2017 年 5 月 21 日，见 http://news.163.com/17/0521/11/CKV5TUL200018AOQ_all.html。

位开放新格局”写入了中共十八届三中全会通过的《中共中央关于全面深化改革若干重大问题的决定》中。“一带一路”倡议顺应全球一体化的发展趋势，“一带一路”的“共商、共建、共享”原则被越来越多的国家所接受，自提出以来，得到诸多领域的关注，成员数量不断增加，沿线国家的经济合作规模迅速扩大，截至2017年底，成员国为86个。习近平指出，“一带一路”顺应时代潮流，适应发展规律，符合各国人民利益，具有广阔前景，要把“一带一路”真正打造成一条和平之路、繁荣之路、开放之路、创新之路和文明之路。在“共商共建共享”理念的指引下，“一带一路”与共享经济有天然的契合基因，中国正在“一带一路”沿线传递着共享精神。

（一）“一带一路”需要共享发展

中国始终奉行互利共赢的开放战略。中国提出的“一带一路”倡议，为世界各国搭建了共享平台。习近平总书记指出：“世界命运应该由各国共同掌握，国际规则应该由各国共同书写，全球事务应该由各国共同治理，发展成果应该由各国共同分享。”① “一带一路”倡议不仅仅是以基建为基础，更是以民航、通讯、文化交流、科技创新为基础，以联通欧亚大陆的发展为使命，打通商业合作的动脉，与世界各国深入开展产业合作，推动各国产业发展规划相互兼容、相互促进，将世界经济融为一体。

“一带一路”是在“共商共建共享”的理念引领下开展的，可以说“一带一路”与共享经济有天然的契合基因：一方面，“共享经济”强调共同享有，互利互惠，从这点来说“共享经济”和旨在推动沿线国家实现共赢的“一带一路”所要达到的目标是一致的，都是共享发展成果；另一方面，共享经济利用互联网化多边共享平台，通过资源的共享来促进资源的利用效率，使大众参与到共享经济之中，都能享受共享经济带来的红利，

① 《习近平出席“共商共筑人类命运共同体”高级别会议并发表主旨演讲》，《人民日报》2017年1月20日。

逐步解决当前社会供给和需求之间不平衡的矛盾。同样，中国的“一带一路”倡议实施不仅仅为了单方面使本国的经济得到良性的发展，更是为了共建合作平台，共享合作成果，为解决当前世界和区域经济面临的问题寻找方案，希望能够促进中国和他国经济共同发展。

正是有这种深切的契合，“一带一路”建设以全球视野推动中国进一步对外开放，在“共享”理念的引领下向更大范围、更宽领域、更高水平拓展的经济合作布局。正是因为“共享”发展理念的指引，使得“一带一路”倡议能够在各个国家协作成为可能，使国家不再限制于自身的闭门造车的发展，而是一个国家与国家互助的过程，例如中国与东北亚、东南亚、澳洲之间的贸易互补性以及中国与俄罗斯、印度等的良好合作关系。“一带一路”同“共享经济”一样，能够实现各个国家的指数级的学习、发展及创新，并使各国能够从经验教训中得到实践，创造出乎意料的变化。同时，“一带一路”倡议的实施能够促进产品的转移及再开发，有利于资源的循环再利用。

（二）共享发展理念贯穿“一带一路”

“共享思维”是全面建成小康社会的战略思维范式。党的十八届五中全会突出强调了“十三五”时期“创新、协调、绿色、开放、共享”的五大科学发展理念，并指出践行五大发展理念是破解发展难题、厚植发展优势的关键。全面建成小康社会如果没有“共享思维”，就称不上真正的“全面”。“共享思维”立足于社会主义生产资料公有制的政治基础，从生产到消费的各个环节都必须将“共享思维”贯穿始终。① 随着“共享”发展理念日益普及，共商、共建、合作、共赢的价值理念愈来愈被许多国家所接受。

共享发展理念贯穿“一带一路”，这使得“一带一路”突破固有的地理边界，使不同地区在国家大战略环境的支持下进行资源优势共享。无论

① 沈建波：《“一带一路”：一种全新的共享经济模式》，《云梦学刊》2017年第5期。

是经济特区或自由贸易区，都基于一个开发区作为切入点，和西方毗邻整个中东地区，不断延伸到中亚、东南亚国家联盟，它更强调省区之间的互联和行业的互通，更有利于实现平衡中国东部和西部地区的经济和社会发展，它将更有效地促进中东地区在西部地区经济社会发展的深度融合，加快全面建设小康社会的步伐。“一带一路”是顺应生产社会化、全球化发展变化的国际战略。丝绸之路经济带贯穿亚欧，凸显了经济带城市集中协调发展的理念。发展经济、改善民生是“一带一路”沿线各国人民的共同愿望。“一带一路”历史背景独特，是实现中华民族伟大复兴的关键环节。“21世纪海上丝绸之路”彰显了中国积极参与全球治理的价值。其核心价值是通道价值和战略安全价值。“一带一路”无疑将大大增强中国的战略安全，因为中国的经济规模位居世界前列，全球治理变革相互契合。上海自贸区、高铁等战略都是在这样的背景下提出的。亚欧经济社会合作日益紧密，符合“一带一路”沿线国家的共同利益。“一带一路”既是有效应对全球经济低迷的国家顶层设计和行动布局，也是引领中国战略转型的“大棋局”。“一带一路”倡议不仅有利于解决我国中西部地区经济社会发展不平衡问题，也有利于通过“走出去”打通亚欧经济走廊。因此，这是一种全新的共享经济模式。

（三）共享经济在“一带一路”大放异彩

“一带一路”倡议的实施给沿线国家带来了巨大的红利，而共享经济为“一带一路”的开展提供了行之有效的助力。“一带一路”沿线国家和中国的部分地区具有相似的要素禀赋，即硬件基础设施条件较差，传统的金融和商业欠发达，但是劳动人口密集，经济与社会结构日益多元化。这样的要素禀赋结构为移动互联网下的交通出行、金融支付、旅游服务、货运物流等提供了巨大的发展空间。“一带一路”沿线国家成中国共享经济企业“出海”主攻区域。据商务部数据统计，2017年，我国与“一带一路”沿线国家贸易额达7.4万亿元人民币，中国企业对沿线国家直接投资

144 亿美元。[①] 如运满满借力“一带一路”输出基于移动互联网信息化运力调度行业的经验。滴滴的跨境出行合作网络覆盖东南亚、南亚、南美、中东欧、北非、西亚、北美等 1000 多个城市超过 60% 的世界人口。在资本和技术输出方面，海尔的“人单合一”模式集互联工厂 COSMO 平台（体验经济）、共创共享大顺逛平台（社群经济）和社会化创业平台（创客经济）为一体，目前已输出到多个国家和地区，提升了当地的基础设施，助力新兴市场国家缩小与发达国家间的数字鸿沟，驱动全球经济包容性增长，为全球家电产业转型升级和工业 4.0 时代的组织和管理机制创新贡献了中国实践。

几年来，“一带一路”实施发展的实践证明：“一带一路”遵循共建共商共享原则，各国共同参与合作，是互利的，是共赢的。截至 2018 年 8 月，已有 103 个国家和国际组织同中国签署 118 份“一带一路”方面的合作协议。2017 年首届“一带一路”国际合作高峰论坛 279 项成果中，有 265 项已经完成或转为常态工作，剩下的 14 项正在督办推进，落实率达 95%。中国与“一带一路”沿线国家的贸易规模不断扩大，截至 2018 年 6 月，与沿线国家货物贸易累计超过 5 万亿美元，年均增长 1.1%，中国已经成为 25 个沿线国家最大的贸易伙伴。对外直接投资超过 700 亿美元，年均增长 7.2%，在沿线国家新签对外承包工程合同额超过 5000 亿美元，年均增长 19.2%。中国企业在沿线国家建设境外经贸合作区共 82 个，累计投资 289 亿美元，入区企业 3995 家，上缴东道国税费累计 20.1 亿美元，为当地创造 24.4 万个就业岗位[②]，为东道国增加了税收并提供大量就业岗位，是惠及民生的系列工程。

“一带一路”无处不在地传递共享精神，它正在引领经济全球化向更

① 数据来源：中国“一带一路”网［DB/OL］.https：//www.yidaiyilu.gov.cn/info/iIndex.jsp? cat_id=10018.

② 中国“一带一路”网：《“一带一路”五周年成果都在这：103 个国家与国际组织、118 份协议》，2018 年 8 月 28 日，见 https：//baijiahao.baidu.com/s? id=161000998169885616 7&wfr=spider&for=pc。

为开放普惠包容趋向发展，向世界开放，兼容并蓄，互惠互利，谋求共赢；正在为全球化再平衡提供一种“共治格局”下的新型全球化模式，它将对世界经济运行再平衡、国际利益格局再平衡以及全球治理格局再平衡发挥无可替代的关键性作用；正在开创和引领全球化发展的新趋向，变革传统的世界经济发展格局，引导新型全球化、构建新型合作观、树立新型共赢观。在这一过程中，“一带一路”也践行着共享经济理念，与共享经济企业相互促进，力求实现全球人民的包容普惠。“独行快、众行远”。命运与共、利益与共、责任与共，是崛起的中国在人类命运共同体建设中，必须履行的大国时代使命和责任担当。

三、推动构建人类命运共同体

作为新时代中国特色社会主义外交、国际关系思想的重大创获，党中央提出了“构建人类命运共同体，实现共赢共享”的中国方案。习近平把五大发展新理念拓展到人类命运共同体构建之中，成为全球经济发展的新理念，其中“共享”理念尤为重要，“构建人类命运共同体，实现共赢共享”这一重要经典表述突出了共享理念在其中的重要性，是贯穿于人类命运共同体理论中的一个重要价值理念，体现了他博大精深的社会价值哲学思想。以“共享”发展理念为指引，在推动人类命运共同体历程中，中国取得了诸多显著成果，彰显了当代中国外交勇于履行大国的责任和担当，在传统国际秩序深度嬗变的背景下，走出了中国道路，提出了中国方案，融汇了中国理念，凝聚了中国智慧。

（一）共商共建推进人类命运共同体

回顾人类命运共同体提出历程，在 2010 年中美战略与经济对话、关于促进中欧合作的论述中，中国提出“命运共同体”概念；2011 年《中国和平发展》更是把“命运共同体”概念纳入其中，并与“和平发展”“合作共赢”“多元文明交流互鉴”等联系起来，强调应超越国际关系中陈旧的“零和博弈”、冷战和热战老思维、对抗和战乱老思路，提出了构建国际关系的新视角、新理念、新道路等。党的十八大明确提出“人类命运共同体”概念，成为新时代中国特色社会主义思想的一个重要理念。其后，习近平总书记数十次加以阐释：2015 年 9 月，在纪念联合国成立 70 周年的联大一般性辩论中，习近平主席发表题为《携手构建合作共赢新伙伴同心打造人类命运共同体》的重要讲话，将建立合作共赢新型国际关系与打造命运共同体紧密相连，提出了“五位一体”布局和路径。① 2016 年，在秘鲁国会的演讲指出：“‘大道之行也，天下为公。’当今世界，各国相互依存、休戚与共，我们要顺势而为，推动构建以合作共赢为核心的新型国际关系，打造人类命运共同体。”② 2016 年 7 月 1 日，习近平总书记在庆祝中国共产党成立 95 周年大会上的讲话中提出：“推动形成人类命运共同体和利益共同体”，“中国倡导人类命运共同体意识，反对冷战思维和零和博弈”。③ 2017 年，在“一带一路”国际合作高峰论坛圆桌峰会上的开幕辞提出：“在‘一带一路’建设国际合作框架内，各方秉持共商、共建、共享原则”，“不断朝着人类命运共同体方向迈进”。④ 在金砖国家工商论坛开幕式上的讲话强调：“世界多极化、经济全球化、文化多样化、社会信息化深入发展，弱肉强食的丛林法则、你输我赢的零和游戏不再符合时代逻辑，和平、发展、合作、共赢成为各国人民共同呼声”；在中国共产党与世界政党高层对话会上的主旨讲话中，倡导世界各国要“共同为构建人类命运共同体而努力”，而“构建人类命运共同体是一个历史过程”，为了构建人类命运共同体，各国人民应该锲而不舍、驰而不息进行

---

① 人民网：《人类命运共同体理论在习近平外交思想中的地位和意义》，2016 年 7 月 12 日，见 http://theory.people.com.cn/n1/2016/0712/c40531-28548130.html。

② 《同舟共济、扬帆远航，共创中拉关系美好未来——习近平在秘鲁国会的演讲》，《人民日报》2016 年 11 月 23 日。

③ 习近平：《在庆祝中国共产党成立 95 周年大会上的讲话》，《求是》2021 年第 8 期。

④ 《开辟合作新起点　谋求发展新动力——习近平在“一带一路”国际合作高峰论坛圆桌峰会上的开幕辞》，《人民日报》2017 年 5 月 16 日。

努力；2018 年，习近平在致中国—拉美和加勒比国家共同体论坛第二届部长级会议的贺信提出："中国人民愿同拉美和加勒比各国人民携手并进，为推动构建人类命运共同体作出更大贡献。"① 当今世界全球化不断发展，许多全球性问题和挑战也在增加，各国紧密联系，中国愿意同世界各国坚持共商共建共享原则，共同推进构建人类命运共同体。

（二）人类命运共同体体现共享理念

人类命运共同体理论极具系统性、战略性，是马克思主义中国化、中国特色社会主义理论的重大创获。2017 年 1 月习近平主席在达沃斯世界经济论坛年会开幕式上的主旨演讲《共担时代责任，共促全球发展》指出，把世界乱象归咎于经济全球化的观点，强调人为切断各国经济的资金流、技术流、产品流、产业流、人员流而走向孤立，是不符合当今世界历史潮流的。由于利益高度融合，人类已经成为你中有我、我中有你、彼此相互依存的"命运共同体"②。随着全球化进程演进，增长和分配、资本和劳动、效率和公平的矛盾会更加突出。演讲并未忽视全球化的负面后果，而解决全球化负面问题的路径是：要讲求效率、注重公平，"让不同国家、不同阶层、不同人群共享经济全球化的好处"，"在开放中分享机会和利益、实现互利共赢"，"要让发展更加平衡，让发展机会更加均等、发展成果人人共享"，要做到这些，就要"完善发展理念和模式，提升发展公平性、有效性、协同性"。总而言之，"只要我们牢固树立人类命运共同体意识，携手努力、共同担当，同舟共济、共渡难关，就一定能够让世界更美好、让人民更幸福"。

如何构建人类命运共同体与五大发展新理念密切相关。五大发展理念关乎中国国家自身发展，诚如人类命运共同体是中华民族命运共同体的

---

① 《习近平致信祝贺中国—拉美和加勒比国家共同体论坛第二届部长级会议开幕》，《人民日报》2018 年 1 月 23 日。

② 习近平：《共担时代责任共促全球发展——在世界经济论坛 2017 年年会开幕式上的主旨演讲》，《人民日报》2017 年 1 月 18 日。

拓展，党中央把五大发展新理念拓展到人类命运共同体构建之中，成为全球经济发展的新理念，其中“共享”理念尤为重要，“构建人类命运共同体，实现共赢共享”这一重要经典表述突出了共享理念在其中的重要性，是贯穿于人类命运共同体理论中的一个重要价值理念。世界各社会主义国家发展或者衰败的经验和教训都是中国共享发展理念形成的重要借鉴。2014 年 11 月，习近平总书记在亚太经合组织第二十二次领导人非正式会议上提出要不断开拓新的领域从而跨越“中等收入陷阱”①。20 世纪 60 年代末 70 年代初，阿根廷、智利、乌拉圭、墨西哥、巴西、哥伦比亚等拉美国家率先由低收入国家迅速转变成中等收入国家，但是后来却一直都是中等收入国家并且很难转变为高等收入国家。产生这一现象的原因是什么？贫富差距两极分化，收入分配不均，政府腐败等原因，完全背离了共享发展理念，缺乏人类命运共同体意识，使得拉美国家经济增长缓慢，这对于中国有着重要的借鉴意义。我国的发展与当时的拉美国家具有一定共性，共享发展理念的提出正是总结和借鉴了拉美国家的历史教训，坚持共享发展理念，才是社会和谐可持续发展、提高综合国力的核心思想武器和重要方针政策。②

各国同处于一个地球，人类整体命运息息相关，构建人类命运共同体应当是世界人民达成的共识。习近平总书记多次强调，对外关系上，分享和开放是新时代中国特色社会主义理论的重要基调，“一带一路”倡议原则为“共商、共建、共享”，主张构建合作平台，合作共享，旨在与世界各国分享在中国的发展机会，共享全球经济治理的目标，寻求利益共享，实现双赢的目标，实现全球共同繁荣。不同的国家，不同的阶级，不同的人都可以分享经济全球化的好处，分享开放的机遇和利益，达到互利双赢的局面，更平衡地发展，让更多的平等的机会，每个人都共享发展

---

① 新华社：《习近平在亚太经合组织第二十二次领导人非正式会议上致辞》，2014 年 11 月 11 日，见 http：//jhsjk.people.cn/article/26006967。

② 王殿君：《人类命运共同体视角下我国共享发展理念构建》，《中国集体经济》2018 年第 35 期。

成果。

（三）构建人类命运共同体成果显著

以“共享”发展理念为指引，在推动人类命运共同体历程中，中国取得了诸多显著成果。中国从建立一个“更加平等均衡的新型全球发展伙伴关系”着眼，致力于实现全球经济社会发展中的同舟共济，权责共担，一荣俱荣、一损俱损，增进共同利益。中国政府基于共享发展的理念，坚持走和平发展道路，为世界各国提供共享发展的机遇，鼓励和真诚欢迎世界各国搭乘中国“快车”，充分体现共享、包容、开放理念的共享经济在构建命运共同体的进程中大放异彩。

现代共享经济发端于西方，但在中国蓬勃发展起来，并且中国逐渐成为全球共享经济创新者和引领者，在市场规模、创新应用、国际影响力以及制度创新探索等方面都走在了世界前列，在“共享”发展理念引领下，在构建人类命运共同体进程中，正在改变全球生产方式、生活方式和思考方式。过去几年，中国共享经济在交通出行、住宿餐饮、文化创意、教育培训、医疗诊断、制造服务等多个细分领域得到快速发展，产生了多种新产品新模式，引领全球共享经济创新。截至 2017 年底，全球 224 家独角兽企业中有中国企业 60 家，其中具有典型共享经济属性的中国企业 31 家，占中国独角兽企业总数的 51.7%。① 例如中国滴滴出行公司在近三年时间里，通过投资或产品技术合作等形式，将全球合作网络延伸至北美、东南亚、南亚、南美等 1000 多个城市，覆盖全球 70% 以上的市场。在全球经济低迷、经济转型艰难的背景下，共享经济在中国的耀眼增长正在引发全球经济格局的深刻变革，不但在理论层面颠覆了诸多传统社会科学范式，还深刻改变着全球范围的资源分配与生产消费方式，为构建人类命运共同体做出贡献。在云计算、大数据、AI、物联网等新一代信息技术

---

① 国家信息中心分享经济研究中心、中国互联网协会分享经济工作委员会：《中国共享经济发展年度报告（2018）》。

创造价值的时代，共享经济不再局限于西方发展过程中关注以更低成本和更高效率连接剩余资源的问题，而是创造性地以共享经济的模式和理念，培育多领域新兴业态和消费增长点，促进传统经济转型升级。共享经济在全世界范围广受追捧，无论是通过共享经济挖掘就业的巨大潜力，如应对失业率高居不下的现状、发掘发展经济的人力资源等，还是通过共享经济优化资源配置，降低交易成本，最大范围满足全球广大普通人群的消费需求，共享经济在“共享”发展理念的引领下，正在中国推进构建全球人类命运共同体的进程中大放异彩。

《礼记·大学》有云：“是故君子先慎乎德。有德此有人，有人此有土，有土此有财，有财此有用。德者，本也；财者，末也。外本内末，争民施夺。是故财聚则民散，财散则民聚。”其主旨后来被概括为“财聚人散，财散人聚”，体现了我们古人义重于利、德重于财的利益、财富和价值观。①当今全球化进程中所出现的乱象重要根源之一，是资本过度逐利从而导致“财聚”，即财富过分垄断及世界范围内的贫富分化（即“财散人聚”），共享经济以其协同消费、多边平台的特征，真正实现了万众参与，每个人都能享受到经济发展带来的红利，践行了“财散人聚”的真谛，推行共享理念，推动共享经济进一步发展，让不同国家、不同阶层、不同人群共享经济全球化的好处，才能真正推动人类命运共同体的构建。中国崛起的大国外交“兼善天下”并呈现为一种和平性、内源型、内敛式的基本特征，它集中凝练了当代中国外交勇于履行大国的责任和担当，并且把新型大国外交思想和理念都容纳于其中。在传统国际秩序深度嬗变的背景下，中国走出了自己的道路，提出了中国方案，融汇了中国理念，凝聚了中国智慧。

---

① 刘方喜：《论人类命运共同体与共享理念的文化战略学意义》，《学术论坛》2018年第3期。

四、表达中国共享经济发展经验

伴随着中国共享经济的不断创新性实践，共享发展奇迹不断书写，一个发展迅猛的共享盛景出现在神州大地之上，中国逐渐成为这次共享浪潮的中心和引领者。共享经济在中国的成功因素是多方面的，其中最重要的是在新时代中国特色社会主义共享思想的指引下，中国政府以其包容性的政策引领、灵活的制度供给，为共享经济的发展保驾护航。这种成功的经验具有普遍性、现实性意义和世界性品格，也正吸引着全球共享经济企业的目光，为世界共享经济的发展提供思路和方案。

（一）包容性政策引领

共享经济“人人参与”“分享盈余”的理念要求有更多的社会主体参与其中，从而加速资源流通和分配的效率。对于平台企业来说，这就需要一个更低的准入门槛；对于个人来说，则需要更多更便利的工具和途径。以上这些要求对政策和制度的制定带来了新的挑战，在中国共享经济开疆拓土的过程中，市场矛盾也随之逐步显现出来。但中国政府用其独特的思维，不断探索一条创新的治理之路，在尽量减少社会损失的前提下不断提高社会公平程度和市场参与程度，“包容性的政策”便是这一发展之道初期的核心理念，也是吸引海外共享经济纷纷向中国汲取成功经验的重要原因。

中国政府对于共享经济在中国的发展机遇，给予了极大的关注与支持。推行创新积极的政策，并形成了“鼓励创新，包容审慎”的主基调，“放宽准入，底线思维”的新要求以及“多方参与，协同治理”的大方向，2016 年 3 月，发展分享经济首次被写入中国的《政府工作报告》，明确要“支持分享经济发展，提高资源利用效率，让更多人参与进来、富裕起来”，同时提出“以体制机制创新促进分享经济发展”，为共享经济发展创造了良好的政策环境，倡导以此来引领“大众创业、万众创新”的战略步入正轨。2016年7月，《国家信息化发展战略纲要》发布，强调要“发展共享经济，建立网络化协同创新体系”，分享经济成为国家信息化发展战略的重要组成部分。由此不难发现共享经济注定成为中国奇迹式的成就，未来其发展动向也将向高速化、规范化、质量化的层面不断调整。

中国包容性的政策是使得共享经济快速袭遍全国乃至全球的重要因素。例如ofo单车在发展之初，仅仅作为北京各大高校内为大学生进行校内通勤的工具，但当政策形势不断开放，包容性的政策不断推出后，ofo单车借助资本的力量，迅速开疆拓土，在出现在中国各大城市之后，不仅迅速布局了三四线城市的单车业务，也走出海外，成为了共享经济全球化的先行者。又如共享金融这一新兴的金融模式，政府以包容审慎的态度，在2015年之前P2P借贷、网络理财等互联网金融形式刚刚兴起之时，政府对于互联网金融企业的性质和监管主体均没有明确的规定，大部分地区将共享金融平台以基金公司、投资顾问等形式定义和监管，对于其经营模式和资金流动层面的具体问题，并对于破坏共享经济运行或损害公众利益的行为进行精准打击。例如自2012年起就开始进行的打击以“网络借贷”等共享金融为幌子的非法集资行动，从而保证共享金融在中国健康有序地发展，再度体现出了政策的包容性与纠错机制。

综上所述，在共享经济发展的前期，中国政府有意通过包容性的政策进行鼓励和扶持，并在共享经济蓬勃发展的大潮中，逐步找到解决共享经济发展负面问题的具体方案，并且直到今天，共享经济给予我们的好处远远大于其产生的负面影响，共享经济发展初期包容性的政策可以说是相对成功的。不难想象，在不久的将来，共享经济连同其背后的政策体系，一定会越加完善，为中国乃至世界提供更为丰富和便捷的共享经济资源。

（二）重视平台化建设

中国共享经济近年来取得了惊人的成就，出现了大量的独角兽企业，并且带动了经济的发展和就业的增加，而平台经济正是共享经济的一种表现形式，借助于共享平台，供需双方匹配交易。共享经济具有的“全要素”“全时空”“全开放”“低投入高产出”和“低成本高收益”的特点也几乎都是通过共享经济平台来实现的。共享经济平台是共享经济顺利运行的核心要素，事关共享经济如何发展、发展到何种程度的重大问题。近年来，中国政府非常注重共享平台的建设，这些平台为共享经济的发展起到重要的支柱作用。中国对共享经济平台建设的重视与支持，成为全球共享经济可向中国借鉴的重要经验。

中国政府在共享经济平台建设中也起到了关键作用，而政策的出台就是一种平台建设的标志性成果。政府在市场中应该维持市场的秩序，抑制市场不完全性，防止市场失灵，保护社会公众利益。因而，对于市场中的共享经济平台的发展，政府的监管成为一个重要的影响因素。中国政府对于共享平台建设的支持也是有目共睹，政府对于共享经济等新经济模式实施包容审慎监管，避免一上来就管死，“鼓励创新，包容审慎”成为共享经济制度创新的基本政策取向，在支持共享经济发展，进行适当宽松的监管同时，政府大力促进共享平台的建设，规范共享经济的发展，让共享经济步入正轨，为经济的发展提供新的增长点。国家发展改革委办公厅于2017年12月18日发布了《国家发展改革委办公厅关于推动发展第一批共享经济示范平台的通知》，支持鼓励发展共享经济，以示范平台为模范，发挥其示范和辐射带动作用，促进共享经济的规范运行，同时探索共享经济特色经济的治理模式。地方政府也在积极跟进，出台政策支持共享经济平台的建设。例如，福建出台了《福建省加快共享经济发展实施方案》，陕西省科学技术厅颁布了《陕西省科技资源开放共享平台建设管理办法》等，各省市也开始颁布自己的促进共享经济和共享经济平台的政策。

（三）灵活的制度供给

当共享经济有了包容性的政策、颇具创新的平台、活力的参与主体和产业配套等支持，一个完整的共享经济生态圈已然呼之欲出。此时，一套完整的制度供给体系就是那一块最后的拼图。所谓“制度供给”，是指在一定条件下，制度制定方进行的制度创造、制度创新以及制度废除等活动。参照经济学“技术—制度二分法”的观点，共享经济自身是技术层面的代表，而制度供给则是制度层面的体现，两者缺一不可，共同保证共享经济的存在和生长。自2017年底开始，学术界和现实社会逐步将视野转向了共享经济的监管和调控层面，这一系列的关注和行动，恰恰是制度供给的具体表现。通过合理的制度供给，共享经济拥有了在“快速发展”和“稳定安全”之间的并轨；通过全面的制度供给，共享经济获得了众多的参与平台和民众基础；通过高效的制度供给，共享经济更是为全社会、全市场提供了便捷且健康的服务。在共享经济之中，“制度”有多种表现形式，参照传统经济学的理论研究，可分为正式制度与非正式制度两大类，并且其之间产生了不同于传统的关联和表现，在具体的实施过程中两种制度可在共享经济的不同发展阶段有所侧重，从而为共享经济的发展提供灵活的制度供给。

在中国共享经济的早期实践中，共享经济仅表现为“非主流”的经济运行模式，行业尚未形成规模。但是，共享的理念和思维已经悄然潜入人心，政策制定者的动作极其细微，仅以非正式制度为主，对共享经济的发展提供部分思路和保护。随着共享经济的发展进入到新的时期，行业开发程度逐步提高，共享经济平台数量不断增多，制度供给的灵活性更为突出。在通过正式制度对市场进行一段时间的矫正和引导之后，行业自律协会逐步建立和成熟，行业标准和从业行为逐步规范，非正式制度建设也进入了新的时期，制度冲突趋于平稳。总体来说，此阶段内的制度缺失或偏误等事件对市场和社会的影响较大，因政策过激或政策失灵而造成的行业动荡与危机事件时有发生，但由于灵活的制度供给，也促使共享经济制度体系迅速发展和完善。最初，以非正式制度先行主导加之正式制度的漏洞和行业快速的发展，吸引了大量投机者进入市场，违法事件频出，从而造成了行业内的道德缺失，加剧了企业的目标差异，制度冲突变得更为明显，引发了社会不满和行业波动。但中国政策制定者迅速改变了制度供给策略，以正式制度逐步替代非正式制度，法律数量不断增多，全面性不断提高，从而既能促进行业的快速发展，又能保证行业的平稳健康。目前，中国共享经济不断壮大，政策细则也相继推出，可以说已度过了“野蛮生长”，正逐步进入反垄断、协同治理、规范和理性发展阶段。无论目前发展如何，中国共享经济的灵活制度供给一定会寻求新的增长机会，同时将行业拉动至新的发展阶段，保障共享经济的规范发展。

总之，灵活的制度供给不仅仅是作为制度体系建设中的一个方法，更是维系各类共享金融行业在各个阶段内能否完善自身、谋取发展的关键因素，是共享经济至今繁荣昌盛的重要保障。中国共享经济能得以飞速发展，与中国特有的灵活制度供给密切相关，也正吸引海外共享经济前来研究、取经。可以说，中国共享经济灵活的制度供给正在为世界提供可借鉴的独到经验和鲜活的样本。

参 考 文 献

1. 习近平：《生态兴则文明兴——推进生态建设 打造“绿色浙江”》，《求是》2003 年第 13 期。

2. 习近平：《坚持以人为本的科学理念 推进社会主义和谐社会在浙江的实践》，《今日浙江》2006 年第 21 期。

3. 习近平：《干在实处，走在前列——推进浙江新发展的思考与实践》，中共中央党校出版社 2006 年版。

4. 习近平：《全面贯彻落实党的十八大精神要突出抓好六个方面工作》，《求是》2012 年第 3 期。

5. 习近平：《人民对美好生活的向往就是我们的奋斗目标》，《人民日报》2012 年 11 月 16 日。

6. 习近平：《紧紧围绕坚持和发展中国特色社会主义 学习宣传贯彻党的十八大精神》，《人民日报》2012 年 11 月 19 日。

7. 习近平：《承前启后继往开来 朝着中华民族伟大复兴目标前进》，《人民日报》2012 年 11 月 30 日。

8. 习近平：《在第十二届全国人民代表大会第一次会议上的讲话》，《人民日报》2013 年 3 月 18 日。

9. 习近平：《坚持节约资源和保护环境基本国策 努力走向社会主义生态文明新时代》，《人民日报》2013 年 5 月 25 日。

10.《习近平致 2013 年全球创业周中国站活动组委会的贺信》，《人民日报》

2013年11月9日。

11. 习近平:《在联合国教科文组织总部的演讲》,《人民日报》2014年3月28日。

12. 习近平:《在中国科学院第十七次院士大会、中国工程院第十二次院士大会开幕会上发表重要讲话》,《人民日报》2014年6月10日。

13. 习近平:《愿同各国一道构建新型国际关系坚持中美新型大国关系正确方向》,《人民日报海外版》2015年9月24日。

14. 习近平:《促进妇女全面发展 共建共享美好世界——在全球妇女峰会上的讲话》,《人民日报》2015年9月28日。

15. 习近平:《创新增长路径 共享发展成果》,《人民日报》2015年11月16日。

16. 习近平:《在第二届世界互联网大会开幕式上的讲话》,《人民日报》2015年12月17日。

17. 习近平:《在省部级主要领导干部学习贯彻党的十八届五中全会精神专题研讨班上的讲话》,《人民日报》2016年1月18日。

18. 习近平:《聚焦发力贯彻五中全会精神 确保如期全面建成小康社会》,《人民日报》2016年1月19日。

19. 习近平:《在党的十八届五中全会第二次会议上的讲话》(节选),《求是》,2016年第1期。

20. 习近平:《在网络安全和信息化工作座谈会上的讲话》,《人民日报》2016年4月19日。

21. 习近平:《以新发展理念引领发展——关于树立创新、协调、绿色、开放、共享的发展理念》,《人民日报》2016年4月29日。

22. 习近平:《中国发展新起点 全球增长新蓝图》,《人民日报》2016年9月5日。

23. 习近平:《全面贯彻落实党的教育方针 努力把我国基础教育越办越好》,《人民日报》2016年9月10日。

24.《十八大以来重要文献选编》(上),中央文献出版社2014年版。

25.《十八大以来重要文献选编》(中)，中央文献出版社 2016 年版。

26. 习近平：《共担时代责任共促全球发展——在世界经济论坛 2017 年年会开幕式上的主旨演讲》，《人民日报》2017 年 1 月 18 日。

27. 习近平：《致第四届世界互联网大会的贺信》，《人民日报》2017 年 12 月 4 日。

28. 习近平：《决胜全面建成小康社会，夺取新时代中国特色社会主义伟大胜利——在中国共产党第十九次全国代表大会上的报告》，人民出版社 2017 年版。

29. 习近平：《以信息化培育新动能　用新动能推动新发展　以新发展创造新辉煌》，《人民日报》2018 年 4 月 23 日。

30. 习近平：《在同全国劳动模范代表座谈时的讲话》，《人民日报》2018 年 4 月 28 日。

31. 习近平：《在深入推动长江经济带发展座谈会上的讲话》，《人民日报》2018 年 6 月 14 日。

32. 习近平：《以更高站位更宽视野推进改革开放　真抓实干加快建设美好新海南》，《人民日报》2018 年 4 月 14 日。

33. 习近平：《在企业家座谈会上的讲话》，《人民日报》2020 年 7 月 21 日。

34. 习近平：《在庆祝中国共产党成立 95 周年大会上的讲话》，《求是》2021 年第 8 期。

35.《习近平在博鳌亚洲论坛 2013 年年会上的主旨讲话》，《人民日报》2013 年 4 月 8 日。

36.《习近平在欧美同学会成立 100 周年庆祝大会上的讲话》，《人民日报》2013 年 10 月 22 日。

37.《习近平在河南考察时强调：深化改革发挥优势创新思路统筹兼顾确保经济持续健康发展社会和谐稳定》，《人民日报》2014 年 5 月 11 日。

38.《习近平谈治国理政》(第 2 卷)，外文出版社 2014 年版。

39.《习近平致国际教育信息化大会的贺信》，《人民日报》2015 年 5 月 24 日。

40.《习近平在浙江调研时强调：干在实处永无止境　走在前列要谋新篇》，《人民日报》2015 年 5 月 28 日。

41.《习近平出席中美企业家座谈会》，《人民日报》2015 年 9 月 25 日。

42.《把创新摆在国家发展全局核心位置——深入贯彻落实五中全会精神》，《光明日报》2015 年 10 月 31 日。

43.《习近平对世界如是说》，《人民日报海外版》2015 年 11 月 23 日。

44.《习近平总书记谈共享》，《人民日报》2016 年 3 月 3 日。

45.《同舟共济、扬帆远航，共创中拉关系美好未来——习近平在秘鲁国会的演讲》（全文），《人民日报》2016 年 11 月 23 日。

46.《习近平出席“共商共筑人类命运共同体”高级别会议并发表主旨演讲》，《人民日报》2017 年 1 月 20 日。

47.《总书记两会声音》，《人民日报》2017 年 3 月 15 日。

48.《开辟合作新起点　谋求发展新动力——习近平在“一带一路”国际合作高峰论坛圆桌峰会上的开幕辞》，《人民日报》2017 年 5 月 16 日。

49.《深入理解新发展理念》，《人民日报》2017 年 5 月 17 日。

50.《以开放包容推动人类文明进步》，《人民日报》2017 年 11 月 7 日。

51.《出海记｜中国企业 2017 年出海报告之共享经济：中国模式颠覆世界》，《参考消息》2018 年 1 月 2 日。

52.《习近平致信祝贺中国—拉美和加勒比国家共同体论坛第二届部长级会议开幕》，《人民日报》2018 年 1 月 23 日。

53.《习近平出席金砖国家工商论坛并发表重要讲话》，《人民日报》2018 年 7 月 26 日。

54.《习近平向第五届世界互联网大会致贺信》，《人民日报》2018年11月8日。

55.《推动高质量发展，习近平强调这些实招》，《人民日报》2018 年 12 月 13 日。

56.《中国经济长期向好底气足》，《人民日报》2021 年 10 月 25 日。

57.《指导浙江未来发展的纲领性文件——省第十四次党代会报告解读》，《浙江日报》2017 年 6 月 23 日。

58. 李克强：《政府工作报告》，人民出版社 2016 年版。

59. 李克强：《政府工作报告》，人民出版社 2017 年版。

60. 李克强：《政府工作报告》，人民出版社 2018 年版。

61. 李克强：《政府工作报告》，人民出版社 2019 年版。

62. 胡锦涛：《坚定不移沿着中国特色社会主义道路前进　为全面建成小康社会而奋斗——在中国共产党第十八次全国代表大会上的报告》，《人民日报》2012 年 11 月 8 日。

63. 蔡克文：《从毛泽东到习近平：共享发展理念的演进》，《改革与战略》2017 年第 2 期。

64. 包玉泽：《技术能力视角与全球价值链背景下的企业升级》，科学出版社 2012 年版。

65. [法] 让·鲍德里亚：《消费社会》，刘成富、全志刚译，南京大学出版社 2001 年版。

66. [古希腊] 柏拉图：《理想国》，张子菁译，西苑出版社 2003 年版。

67. 郝婕、黄兴桥：《发挥八个优势　推进八项举措——访浙江省委书记习近平》，《人民论坛》2003 年第 11 期。

68. 贺佳雯：《2015，中国“共享经济”元年》，《中国经济信息》2015 年第 24 期。

69. 贾康：《把握经济发展“新常态”打造中国经济升级版》，《国家行政学院学报》2015 年第 1 期。

70. 李元华：《“新常态”下中国稳增长与促平衡的新挑战和新动力》，《经济纵横》2015 年第 1 期。

71. 李维：《习近平重要论述学习笔记》，人民出版社 2014 年版。

72. 李勇坚：《超过 6000 家中国数字技术公司进入海外市场》，《中国战略新兴产业》2018 年第 21 期。

73. 刘方喜：《论人类命运共同体与共享理念的文化战略学意义》，《学术论坛》2018 年第 3 期。

74. 刘江翔：《共享经济的绿色消费视角研究》，《闽江学院学报》2017 年第 6 期。

75.《马克思恩格斯文集》第 1 卷，人民出版社 1995 年版。

76.《马克思恩格斯文集》第 3 卷，人民出版社 1995 年版。

77. 马庆钰、单苗苗：《准确理解共建共治共享的内涵》，《学习时报》2017 年 11 月 8 日。

78. 马庆钰：《共建共治共享社会治理格局的意涵解读》，《行政管理改革》2018 年第 3 期。

79. 彭琳、肖文舸：《中国正成全球共享经济中心》，《南方日报》2017 年 12 月 5 日。

80. 邱海峰：《共享单车“出海”给力中国制造》，《人民日报海外版》2017 年 3 月 28 日。

81. 任理轩：《坚持绿色发展——“五大发展理念”解读之三》，《人民日报》2015 年 12 月 22 日。

82. 人民日报评论员：《坚持协调发展，着力形成平衡结构——三论夺取全面建成小康社会决胜阶段的伟大胜利》，《人民日报》2015 年 11 月 2 日。

83. 佘远富：《发展成果由人民共享：中国特色社会主义的核心命题》，《扬州大学学报》2009 年第 13 期。

84. 沈建波：《“一带一路”：一种全新的共享经济模式》，《云梦学刊》2017 年第 5 期。

85. 孙智君：《习近平的产业经济思想及其显著特征》，《贵州社会科学》2017 年第 2 期。

86. 唐纯：《共享经济对经济结构调整的作用机制》，《改革与战略》2016 年第 4 期。

87. 托马斯·莫尔：《乌托邦》，戴镏龄译，商务印书馆 1959 年版。

88. 王殿君：《人类命运共同体视角下我国共享发展理念构建》，《中国集体经济》2018 年第 35 期。

89. 王一鸣：《全面认识中国经济新常态》，《求是》2014 年第 22 期。

90. 肖婷玉：《我国产能过剩现状及去产能政策建议》，《经贸实践》2018 年第 24 期。

91. 徐琤、权衡：《经济新常态：大国经济赶超型增长的新经验与新理论》，《学术月刊》2015 年第 9 期。

92. 杨林：《共享经济背景下经济绿色发展的理论思考》，《苏州科技大学学报》（社会科学版）2017 年第 6 期。

93. 英国石油公司（BP）：《BP 世界能源统计年鉴》2018 年版。

94.《李克强出席中国大数据产业峰会暨中国电子商务创新发展峰会并致辞》，《人民日报》2016 年 5 月 26 日。

95. 俞宪忠：《现代化的动力是绝大多数人受益》，《文史哲》2000 年第 4 期。

96. 赵颖、宋婧楠：《中美众筹模式分析——以中国众筹网与美国 Kickstarter 为例》，《海南金融》2016 年第 1 期。

97. 张宁：《十六大以来科学发展观形成和发展的历史进程》，《党的文献》2012 年第 2 期。

98. 张新红、于凤霞等：《共享经济 100 问》，中共中央党校出版社 2018 年版。

99. 张新红：《共享经济正处在加速转型期》，《北京日报》2018 年 11 月 26 日。

100. 张玉明等：《共享经济学》，科学出版社 2017 年版。

101. 张玉明：《从私有到公用：分享经济的实质和绿色发展之路》，人民出版社 2017 年版。

102. 张玉明等：《共享金融学》，科学出版社 2018 年版。

103. 张玉明、王越凤：《共享经济与新时代马克思所有制理论的融合、创新与发展》，《现代财经》（天津财经大学学报）2018 年第 10 期。

104. 张玉明：《共享经济：中国的创新、实践与经验》，科学出版社 2019 年版。

105. 郑嘉伟：《新常态下的中国宏观经济形势分析与展望》，《当代经济管理》2015 年第 5 期。

106. 周咏南、刘乐平：《“两只鸟论”的浙江实践——我省以改革牵引高质量发展纪实》，《浙江日报》2018 年 2 月 28 日。

107. 中国互联网络信息中心（CNNIC）：《第 41 次中国互联网络发展状况统计报告》，2018 年 1 月 31 日。

108. 中国互联网络信息中心（CNNIC）：《第 42 次中国互联网络发展状况统计报告》，2018 年 8 月 20 日。

109. 国务院印发《关于深化制造业与互联网融合发展的指导意见》，2016 年 5 月 20 日。

110.《国务院办公厅关于创新管理优化服务培育壮大经济发展新动能加快新旧动能接续转换的意见》，2017 年 1 月 20 日。

111.《国务院关于推动创新创业高质量发展打造“双创”升级版的意见》，2018 年 9 月 26 日。

112.《中共中央国务院关于完善促进消费体制机制　进一步激发居民消费潜力的若干意见》，《人民日报》2018 年 9 月 21 日。

113. 中共中央文献研究室：《习近平关于实现中华民族伟大复兴的中国梦论述摘编》，中央文献出版社 2014 年版。

114. 中共中央文献研究室：《习近平关于社会主义社会建设论述摘编》，中央文献出版社 2017 年版。

115. 中共中央宣传部：《科学发展观学习读本》，学习出版社 2006 年版。

116. 中共中央宣传部：《习近平新时代中国特色社会主义思想三十讲》，学习出版社 2018 年版。

117. 中共中央宣传部：《习近平总书记系列重要讲话读本》，学习出版社、人民出版社 2016 年版。

118. 中共浙江省委、浙江省人民政府《关于印发〈浙江省统筹城乡发展推进城乡一体化纲要〉的通知》，2015 年 1 月 10 日

119. 国家发展与改革委员会：《发展改革委办公厅关于推动发展第一批共享经济示范平台的通知》，2017 年 12 月 18 日。

120. 国家发展与改革委员会：《关于促进分享经济发展的指导性意见》，2017 年 7 月 3 日。

121. 国家发展与改革委员会、工业和信息化部等六部委：《关于做好 2018 年重点领域化解过剩产能的通知》，2018 年 4 月 9 日。

122. 国家统计局：《中国统计年鉴 2018》，中国统计出版社 2018 年版。

123. 国家统计局：《中华人民共和国 2017 年国民经济和社会发展统计公报》，2018 年 2 月 8 日。

124. 国家统计局：《10 月份国民经济保持总体平稳，稳中有进发展态势》，2018 年 11 月 14 日。

125. 国家统计局：《11 月份经济运行保持稳中有进发展态势》，2018 年 12 月 14 日。

126. 国家统计局：《2018 年 1—10 月份全国规模以上工业企业利润增长 13.6%》，2018 年 11 月 27 日。

127. 国家统计局：《第七次全国人口普查公告（第二号）》，2016 年 6 月 28 日。

128. 国家信息中心分享经济研究中心、中国互联网协会分享经济工作委员会：《中国共享经济发展年度报告（2018）》，2018 年 2 月 27 日。

129. 国家信息中心分享经济研究中心：《中国共享经济发展年度报告（2019）》，2019 年 2 月 28 日。

130. 国家信息中心分享经济研究中心：《中国共享经济发展年度报告（2020）》，2020 年 3 月 4 日。

131. 国家信息中心分享经济研究中心：《中国共享经济发展年度报告（2021）》，2021 年 2 月 19 日。

132. 国家信息中心分享经济研究中心：《中国共享住宿发展报告》，2018 年 5 月 18 日。

133. 国家信息中心分享经济研究中心：《共享住宿服务规范》，2018 年 11 月 20 日。

134. 艾媒咨询：《2017—2018 中国共享经济行业全景调查报告》，2018 年 2 月 7 日。

135. 艾媒咨询：《2017—2018 年中国网约车行业研究专题报告》，2018 年 4 月 3 日。

136. 中国共产党新闻网：《习近平：既要“有效的市场”，也要“有为的政府”》，2017 年 6 月 19 日，见 http：//cpc.people.com.cn/xuexi/n1/2017/0619/c385474-29347581.html。

137. 中国共产党新闻网：《中央经济工作会议三大要点：首提习近平新时代中国特色社会主义经济思想》，2017 年 12 月 21 日，见 http：//cpc.people.com.cn/

xuexi/n1/2017/1221/c385474-29720382.html。

138. 中国共产党新闻网：《图解：习近平的两会时间》，2018 年 3 月 21 日，见 http：//cpc.people.com.cn/n1/2018/0320/c164113-29879161-3.html。

139. 中国共产党新闻网：《习近平：推进供给侧结构性改革是一场硬仗》，2017 年 6 月 21 日，见 http：//cpc.people.com.cn/xuexi/n1/2017/0621/c385476-29352816.html。

140. 人民网：《三中全会决定：推进丝绸之路经济带、海上丝绸之路建设》，2013 年 11 月 15 日，见 http：//politics.people.com.cn/n/2013/1115/c1001-23559215.html。

141. 人民网：《达沃斯论坛总理最“强”音：分享经济是拉动增长的新路子》，2015 年 9 月 12 日，见 http：//it.people.com.cn/n/2015/0912/c1009-27575909.html。

142. 人民网：《重磅！习近平首次系统阐释“军队创新”思想》，2016 年 3 月 14 日，见 http：//politics.people.com.cn/n1/2016/0314/c1001-28197495.html。

143. 人民网：《习近平：落实共享发展是一门大学问》，2016 年 5 月 14 日，见 http：//politics.people.com.cn/n1/2016/0514/c1001-28350873.html。

144. 人民网：《人类命运共同体理论在习近平外交思想中的地位和意义》，2016 年 7 月 12 日，见 http：//theory.people.com.cn/n1/2016/0712/c40531-28548130.html。

145. 人民网：《习近平：全面建成小康社会不是一个“速度游戏”》，2017 年 6 月 16 日，见 http：//cpc.people.com.cn/xuexi/n1/2017/0616/c385474-29344209.html。

146. 人民网：《习近平的两会时间》，2018 年 3 月 20 日，见 http：//jhsjk.people.cn/article/29879161。

147. 人民网：《第五届世界互联网大会将开幕　重温习近平网信工作金句》，2018 年 11 月 6 日，见 http：//jhsjk.people.cn/article/30383918。

148. 新华网：《习近平致生态文明贵阳国际论坛 2013 年年会的贺信》，2013 年 7 月 20 日，见 http：//www.xinhuanet.com/politics/2013-07/20/c_116619687.htm。

149. 新华网：《习近平首次系统阐述“新常态”》，2014 年 11 月 9 日，见 http：//www.xinhuanet.com/world/2014-11/09/c_1113175964.htm。

150. 新华网：《习近平在联合国日内瓦总部的演讲》，2017 年 1 月 19 日，见 http://www.xinhuanet.com/world/2017-01/19/c_1120340081.htm。

151. 新华网：《2017 年中国经济对世界经济增长的贡献率 34% 左右》，2018 年 4 月 13 日，见 http://www.xinhuanet.com/fortune/2018-04/13/c_1122674988.htm。

152. 新华网：《习近平向生态文明贵阳国际论坛 2018 年年会致贺信》，2018 年 7 月 7 日，见 http://www.xinhuanet.com/politics/leaders/2018-07/07/c_1123092421.htm。

153. 新华网：《"人民群众是我们力量的源泉"——记中共中央总书记习近平》，2012 年 12 月 25 日，见 http://www.xinhuanet.com/politics/2012-12/25/c_114148683_5.htm。

154. 新华社：《习近平在亚太经合组织第二十二次领导人非正式会议上致辞》，2014 年 11 月 11 日，见 http://jhsjk.people.cn/article/26006967。

155. 新华网：《习近平：始终与人民心连心、同呼吸、共命运》，2015 年 8 月 13 日，见 http://www.xinhuanet.com/politics/2015-08/13/c_128125062.htm。

156. 新华网：《人民日报评论员：三论夺取全面建成小康社会决胜阶段的伟大胜利》，2015 年 11 月 1 日，http://www.xinhuanet.com/politics/2015-11/01/c_1117004168.htm。

157. 新华网：《合作共赢是习主席外交思想中最核心的理念》，2015 年 12 月 31 日，见 http://www.xinhuanet.com/politics/2015-12/31/c_128586403.htm。

158. 新华网：《构建人类命运共同体习近平这些话语深入人心》，2018 年 1 月 24 日，见 http://www.xinhuanet.com/politics/201801/24/c_1122305265.htm。

159. 新华网：《互联网点亮生活，新经济蓬勃发展》，2018 年 2 月 9 日，见 http://www.xinhuanet.com/itown/2018-02/09/c_136961258.htm。

160. 前瞻网：《2018 年中国共享经济发展现状与前景分析：精细化运营，时间见证成长》，2018 年 12 月 20 日，见 https://xw.qianzhan.com/report/detail/300/181220-98。

161. 搜狐网：《市场估值 10 亿美元，公路物流的 AlphaGo——运满满从这里诞生》，2017 年 10 月 17 日，见 http://www.sohu.com/a/198511071_163577。

162. 搜狐网：《提高保障和改善民生水平，加强创新和社会治理》，2017 年 10 月 23 日，见 https：//www.sohu.com/a/199569517_115423。

163. 搜狐网：《共享经济中国模式日渐成型未来料将保持 40% 高速增长》，2018 年 1 月 15 日，见 http：//www.sohu.com/a/216712970_161623。

164. 网易新闻：《美媒：中国引领共享经济未来 向世界展示如何分享》，2017 年 5 月 21 日，见 http：//news.163.com/17/0521/11/CKV5TUL200018AOQ_all.html。

165. 凤凰网：《政治局会议：防范化解金融风险 坚定做好去杠杆工作》，2018 年 7 月 31 日，见 http：//finance.ifeng.com/a/20180731/16418469_0.shtml。

166. 中国产业信息网：《2016 年我国城市水资源的现状分析》，2016 年 1 月 13 日，见 http：//www.chyxx.com/industry/201601/379397.html。

167. 中国产业信息网：《2017 年中国石油行业发展概况、行业发展趋势和行业竞争格局和市场化程度分析》，2017 年 7 月 18 日，见 http：//www.chyxx.com/industry/201707/542097.html。

168. 中国“一带一路”网：《“一带一路”五周年成果都在这：103 个国家与国际组织、118 份协议》，2018 年 8 月 28 日，见 https：//baijiahao.baidu.com/s?id=1610009981698856167&wfr=spider&for=pc。

169. 央视评论：《有新常态是因为旧常态不可持续了》，2014 年 12 月 9 日，见 http：//finance.sina.com.cn/china/20141209/150821032863.shtml。

170. 中国钢铁工业协会：《如何看待中国 2016 年化解钢铁过剩产能?》，2017 年 3 月 3 日，见 http：//finance.sina.com.cn/money/future/indu/2017-03-03/doc-ifycaasy7412773.shtml

171. Books P. The chaos point：the world at the crossroads，2006。

172. Karl Marx：“Capital”，Volume One，chapter Thirty-One，Footnote 15，载 http：//www. Marxists. Org/archive/marx/1867-cl/ch31. htm。

173. Kostigen T M，Magazine F D. The world’s largest dump：the great pacific garbage patch. Discover Magazine，2008。

174. International Energy Agency，2012，World Energy Outlook 2012，Paris。

175. Lovins，and B. Amory. Natural capitalism：Earthscan，2010。

176. Organization，W. H. International decade for action Water for Life，2005-2015. Weekly Epidemiological Record，2005。

177. Radford，T. Two-thirds of World's Resources“Used Up”. Natural Health & Vegetarian Life，2006。

178. The BP Group. BP Statistical Review of World Energy，BP，June 2016。

179. The World Bank Group. World Development Indicators：Highlights，World Bank，2016。